MAX GUNTHER

El Poder Secreto de los BANQUEROS SUIZOS

Obra publicada anteriormente
con el título de Axiomas de Zurich

Doctor Erazo 120 Colonia Doctores México 06720, D.F.
Tel. (52 55) 51 34 05 70 Fax. (52 55) 57 61 57 16
LADA SIN COSTO: 01 800 821 72 80

Título: El poder secreto de los banqueros suizos
Autor: Max Gunther
Traducción: Susana Liberti
Colección: Maestros del secreto

Traducción de la obra original *The Zurich Axims*

ISBN (inglés): 0-452-25659-3

Diseño de portada: Socorro Ramírez Gutiérrez
Ilustración de portada: Istockphoto

D.R. © Selector, S.A. de C.V., 2010
Doctor Erazo 120, Col. Doctores
C.P. 06720, México, D.F.

ISBN: 978-607-453-066-7

Primera edición: junio 2010

Sistema de clasificación Melvil Dewey

650
L95
2010

Gunther, Max
El poder secreto de los banqueros Suizos / Max Gunther
trad. Susana Liberti.--
Cd. de México, México: Selector, 2010.
240 pp.

ISBN: 978-607-453-066-7

1. Negocios. 2. Administración empresarial.

Esta edición se imprimió en junio de 2010, en *Editores Impresores Fernández. Retorno 7 de Sur 20 Num. 23 Col. Agrícola Oriental, Delegación Iztacalco.*

Contenido

Introdución

QUE SON LOS AXIOMAS Y COMO SURGIERON

Tomemos por caso el enigma de Suiza. Este hogar ancestral es un lugarcito rocoso más o menos de la mitad del tamaño del estado de Maine. No tiene un centímetro de costa marítima. Es uno de los territorios más pobres en minerales que hay sobre la Tierra. No posee una gota de petróleo que pueda llamar suya, y apenas un cubo de carbón. En cuanto a la agricultura, su clima y su topografía son inadecuados por casi todo.

Ha permanecido al margen de las guerras europeas durante 300 años, principalmente porque, en todo ese tiempo, no ha habido jamás un invasor que realmente lo quisiera.

Y, sin embargo, los suizos están entre la gente más opulenta del mundo. Su ingreso per cápita está al nivel de los norteamericanos, alemanes occidentales y japoneses. Su moneda está entre las más fuertes del mundo.

¿Cómo lo logran los suizos?

Lo logran por ser los inversionistas, especuladores y jugadores más inteligentes del mundo.

El tema de este libro es apostar para ganar.

Quizá eso hace que parezca un libro para todos. No lo es. Por supuesto, todos quieren ganar. Pero no todos quieren apostar, y ahí radica una diferencia de gran magnitud.

Muchas personas, probablemente la mayoría, quieren ganar sin apostar. Éste es un deseo completamente comprensible. No tiene nada de criticable. Sin duda, nos lo imponen muchas de nuestras enseñanzas más viejas de la Ética del trabajo. Nos dicen que correr riesgos es una tontería. Un hombre prudente no apuesta más allá de lo que exigen los inalterables términos básicos de la existencia humana. La vida bien vivida es una vida de trabajo incesante, quizá algo aburrida, pero segura. Más vale pájaro en mano....

Bueno, todos entendemos los intercambios. Si usted tiene un prejuicio filosófico en contra de las apuestas, en este libro habrá poco que le resulte de utilidad a menos, por supuesto, de que cambie su mentalidad.

Pero, si no le importa correr riesgos razonables —o mejor aún, si disfruta al correr riesgos, como los suizos—, entonces este libro es para usted. Los axiomas de Zurich versan sobre el riesgo y su administración. Si estudia los axiomas con la aplicación que se merecen, pueden permitirle ganar más con sus apuestas de lo que jamás pensó que fuera posible.

No hablemos con remilgos. Lo pueden hacer rico.

El libro trata sobre las apuestas en el sentido más amplio. Verá que la bolsa de valores se menciona frecuentemente porque allí es en donde he tenido mi mayor experiencia, pero el libro no se limita al gran supermercado de sueños. Los axiomas también se aplican a la especulación con productos, metales preciosos, arte o antigüedades, a los juegos con bienes inmuebles, al ataque y defensa de los negocios cotidianos, al juego en el casino y en la mesa. En resumen, los axiomas se aplican a cualquier situación en la que usted arriesga dinero para obtener más dinero.

Todo en la vida es juego, como saben todos los adultos. Muchas personas, probablemente la mayoría, se sienten desdichadas por ese hecho y se pasan la vida imaginando cómo colocar el menor número posible de apuestas. Otras, sin embargo, siguen la ruta opuesta, y entre éstas están los suizos.

Por supuesto, no todos los suizos y las suizas tienen este rasgo, pero sí un gran número, el suficiente como para permitir hacer generalizaciones sobre el carácter nacional suizo. Los suizos no se transformaron en los banqueros del mundo quedándose sentados en cuartos oscuros comiéndose las uñas. Lo hicieron enfrentándose abiertamente al riesgo e ideando cómo manejarlo.

Los suizos, entre sus montañas, miran al mundo a su alrededor y lo ven lleno de riesgos. Saben que es posible disminuir al mínimo los riesgos personales de uno, aunque también saben que, al hacerlo, usted abandona toda esperanza de ser algo más que un rostro en la muchedumbre.

Para lograr cualquier clase de ganancia en la vida (una ganancia de dinero, de prestigio personal, cualquier cosa que usted defina como “ganancia”), debe arriesgar algo de su capital material y/o emocional. Debe comprometer dinero, tiempo, amor, *algo*. Ésa es la ley del universo. Excepto por el ciego azar, no se la puede evitar. Ninguna criatura sobre la Tierra está exenta de obedecer tal ley inmisericorde. Para convertirse en mariposa, un gusano debe engordar; y para engordar, debe aventurarse a salir donde están los pájaros. No hay apelación. Es la ley.

Al observar todo eso, los suizos llegan a la conclusión de que el modo sensato de conducir la vida de uno no es evitar el riesgo, sino exponerse deliberadamente a él. Sumarse al juego; apostar. Pero no en la forma insensata del gusano. Apostar, en cambio, con cuidado y reflexión. Apostar de manera tal que sean más probables las grandes ganancias que las grandes pérdidas. *Apostar y ganar.*

¿Se puede hacer esto? Sin duda. Hay una fórmula para hacerlo. O quizá “fórmula” sea una palabra equivocada, pues sugiere acciones mecánicas y falta de elección. Una palabra mejor podría ser “filosofía”. Esta fórmula o filosofía consiste en doce reglas para arriesgar, profundas y misteriosas, llamadas los axiomas de Zurich.

Precaución: los axiomas son algo sorprendente cuando los lee por primera vez. No son el tipo de consejo para invertir que da la mayoría de los asesores. En realidad, contradicen algunos de los clichés más apreciados en el negocio de la asesoría en inversiones.

Los especuladores suizos con mayor éxito prestan escasa atención a la asesoría en inversiones convencional. Tienen un método mejor.

El nombre "axiomas de Zurich" fue acuñado por un club de jugadores suizos, en acciones y productos, que se reunieron alrededor de Wall Street después de la Segunda Guerra Mundial. Mi padre era uno de los miembros fundadores. No era un club formal. No había reglamentos, obligaciones ni listas de membresía. Era simplemente un grupo de hombres y mujeres que simpatizaban, que querían enriquecerse, y que compartían la creencia de que nadie se ha hecho rico con un sueldo. Se reunían irregularmente en Oscar's Delmonico y en otros abrevaderos de Wall Street. Las reuniones continuaron durante los 50, los 60 y los 70.

Hablaban de muchas cosas, pero principalmente del riesgo. El trabajo de codificar los axiomas de Zurich comenzó cuando yo le hice una pregunta a mi padre que él no pudo contestar.

Mi padre era un banquero suizo, nacido y criado en Zurich. Los nombres que figuraban en su acta de nacimiento eran Franz Heinrich, pero en Estados Unidos todos lo llamaban Frank Henry. Cuando murió, hace unos pocos años, sus obituarios resaltaban el hecho de que había encabezado la sucursal de Nueva York del Schweizerbankverein, el coloso financiero de Zurich, la corporación de la Banca Suiza. Ese trabajo era importante para él, pero una vez me dijo que lo que realmente quería que se grabara en su lápida era esta frase: "Jugó y ganó".

Frank Henry y yo comenzamos a hablar sobre la especulación cuando yo estaba en la preparatoria. Miraba mis calificaciones y refunfuñaba que el curriculum estaba incompleto. Y decía: "No te enseñan lo que más necesitas. Especulación. Cómo correr riesgos y ganar. Un muchacho que crece en América sin saber cómo especular... bueno, ¡es como estar en una mina de oro sin una pala!".

Y cuando yo estaba en la universidad y en el ejército, tratando de hacer mi elección entre las futuras carreras, Frank Henry me decía: "No pienses solamente en términos de un sueldo. La gente nunca se hace rica con un sueldo, y un montón de gente se empobrece por ellos. Tienes que tener algo más. Un par de buenas especulaciones, eso es lo que necesitas".

Típico comentario suizo. Lo absorbí como parte de mi educación. Cuando salí del ejército con unos cientos de dólares de pagos atrasados y ganancias en el póker, seguí el consejo de Frank Henry y evité las instituciones de ahorro, que él veía con supremo desdén. Puse el dinero en el mercado de valores. Gané algo, perdí algo, y terminé más o menos con la misma cantidad con la que había empezado.

Mientras tanto, Frank Henry estaba bailando en el mismo mercado. Entre otras empresas, sacó una buena tajada de unas acciones de minas de uranio canadienses, locamente especulativas.

"¿Qué es esto? —pregunté tristemente— invierto prudentemente y no voy a ninguna parte. Tú compras prados de alces y te enriqueces. ¿Hay algo que yo no entiendo?"

"Tienes que saber cómo hacerlo", dijo.

"Bueno, está bien. Enséñame."

Me observó silenciosamente, perplejo.

Resultó que lo que tenía en su cabeza eran las reglas del juego especulativo que había absorbido a lo largo de la vida. Estas reglas están en el aire en los círculos bancarios y especulativos suizos se comprenden, pero rara vez se expresan. Habiendo vivido en esos círculos desde que tuvo su primer trabajo de aprendiz a los diecisiete años, Frank Henry había asimilado las reglas en sus huesos, mas no podía identificarlas específicamente ni explicármelas.

Les preguntó acerca de ellas a sus amigos suizos de Wall Street. Los amigos tampoco sabían exactamente lo que eran las reglas.

Pero a partir de ese momento se preocuparon por separar y aclarar las reglas en sus mentes. Comenzó como un juego para ellos, pero al pasar los años se volvió más serio. Hicieron un hábito de preguntarse a sí mismos y el uno al otro acerca de cualquier movida especulativa importante: "¿Por qué estás comprando oro *ahora*? ... ¿Qué te hizo vender estas acciones cuando todos los demás estaban comprando?... ¿Por qué estás haciendo esto en lugar de aquello?" Se obligaban mutuamente a expresar el pensamiento que los había guiado.

La lista de reglas se desarrolló gradualmente. A medida que pasó el tiempo se hizo más breve, más definida, más ordenada y más útil. Nadie recuerda quién acuñó el término "axiomas de Zurich", pero ése es el nombre por el que se conocieron las reglas y por el que todavía se las conoce.

En los últimos años, los axiomas no han cambiado mucho. Han terminado su evolución. Tal como cualquiera sabe, ahora tienen su forma definitiva: doce axiomas mayores y dieciséis axiomas menores. Para mí, su valor es incalculable. Cada vez los estudios se vuelven más grandes, una señal segura de su veracidad fundamental. Son ricos en niveles secundarios y terciarios de significado; algunos, fríamente pragmáticos, otros, rayando en lo místico. No son solamente una filosofía de la especulación; son postes indicadores hacia una vida exitosa.

Han enriquecido a mucha gente.

Primer axioma mayor

SOBRE EL RIESGO

La preocupación no es una enfermedad sino una señal de salud. Si usted no está preocupado, no está arriesgando lo suficiente.

Dos jóvenes amigas se graduaron en la universidad hace muchos años y decidieron buscar juntas su fortuna. Fueron a Wall Street y trabajaron en una serie de empleos. Finalmente, ambas terminaron como empleadas de E. F. Hutton, uno de los mayores corredores de bolsa. Así fue como conocieron a Gerald M. Loeb.

Loeb, quien murió hace pocos años, era uno de los asesores en inversiones más respetados de Wall Street. Este hombre calvo y simpático era un veterano de los infernales mercados bajistas de los años 30 y de los asombrosos mercados alcistas que siguieron a la Segunda Guerra Mundial. Conservó la calma a través de todo esto. Nació pobre, pero murió rico. Su libro, *La batalla por la supervivencia en las inversiones*, quizá ha sido el manual más popular sobre estrategia de mercado de todos los tiempos. Sin duda estaba entre los más agradables de leer, porque Loeb era un narrador innato.

El contó esta historia acerca de las jóvenes una noche, en un restaurante cerca de la Bolsa Americana de Valores, donde se había reunido con Frank Henry y conmigo para cenar. La historia demostraba algo que él creía necesario decir acerca del riesgo.

Ambas jóvenes se habían acercado a él tímidamente para pedirle consejo sobre inversiones. Se le acercaron en momentos diferentes, pero él sabía que eran amigas íntimas y estaba seguro de que iban a comparar los comentarios. Sus situaciones financieras, al comienzo, eran idénticas. Habían iniciado carreras prometedoras y estaban ascendiendo modestamente en paga y en posición. Sus cheques comenzaban a cubrir algo más que las necesidades esenciales de la existencia. Cada año, después de pagar los impuestos, les quedaba algo. la cantidad no era grande, pero era suficiente como para preocuparse, y existía la promesa de que en el futuro sería mayor. Su pregunta a Gerald Loeb: ¿qué debían hacer con ese dinero?

Mientras tomaban el té y galletas en su cafetería favorita, el paternal Loeb trató de explicarles las cosas. Pero se le hizo evidente de inmediato que cada una de ellas ya había tomado su decisión. Lo que querían de él era una confirmación.

Al contar la historia, maliciosamente Loeb llamó a una de las mujeres la Sobria Sylvia y a la otra la Loca Mary. La ambición de Sylvia era encontrar un refugio de perfecta seguridad para su dinero.

Quería poner el dinero en una cuenta bancaria que le diera intereses o en algún otro depósito de ahorro con un rendimiento casi garantizado y una conservación del capital casi garantizada. Por el contrario, Mary quería correr algunos riesgos con la esperanza de que su puñadito de capital creciera y fuera más importante. Llevaron a cabo sus respectivas estrategias. Un año más tarde, Sylvia tenía su capital intacto, un aumento por los intereses y una agradable sensación de seguridad. Mary tenía la nariz ensangrentada. La habían golpeado en un mercado tormentoso. El valor de sus acciones había declinado en un 25 por ciento desde que las había comprado.

Sylvia fue suficientemente generosa como para no jactarse. En cambio, pareció horrorizada ("¡Eso es terrible! ", dijo) cuando supo hasta qué punto le había ido mal a su amiga. "Pero, has perdido la cuarta parte de tu dinero. ¡Es horrible!"

Los tres estaban comiendo juntos, como lo hacían ocasionalmente. Loeb observaba a Mary. Se asustó mientras esperaba su reacción ante la explosión de compasión de Syivia. Temía que la temprana pérdida de Mary la desanimara y la sacara del juego, como sucede con muchos especuladores neófitos. ("Todos ellos esperan tener grandes ganancias instantáneamente", comentó apesadumbrado. "Cuando no triplican su dinero el primer año, se alejan haciendo pucheros como niños malcriados".)

Sin embargo, Mary tenía lo que se necesita. Sonrió, imperturbable. "Sí, es cierto que perdí. Pero mira qué otra cosa gané", añadió, inclinándose hacia su amiga a través de la mesa. "Sylvia, estoy corriendo una aventura." La mayoría de la gente se aferra a la seguridad como si fuera la cosa más importante del mundo. La seguridad parece tener muchas cosas en su favor. Le da a usted esa sensación de estar cómodamente sumergido, como de estar en una cama acogedora en una noche de invierno. Engendra un sentimiento de tranquilidad.

La mayoría de los psiquiatras y psicólogos en nuestros días considerarían que eso es algo bueno. Es el supuesto central de la psicología moderna que la salud mental significa, sobre todo, tener calma. Este supuesto sin investigar ha dominado el pensamiento cobarde durante décadas. *Cómo dejar de preocuparse y comenzar a vivir* fue uno de los primeros libros que trató este dogma, y *La respuesta del relajamiento* fue uno de los últimos. La preocupación es perjudicial, nos aseguran los acobardados. No ofrecen evidencia digna de confianza de que tal afirmación sea cierta. Se ha convertido en una verdad aceptada a fuerza de su implacable repetición.

Los devotos de las disciplinas místicas y de la meditación, en especial de las variedades orientales, van más lejos todavía. Valoran tanto la tranquilidad, que en muchos casos están dispuestos a tolerar la pobreza en atención a ella. Algunas sectas budistas, por ejemplo, sostienen que uno no debería luchar por tener posesiones e incluso que debería abandonar las que tiene. La teoría es que, cuanto menos tenga, menos habrá de qué preocuparse.

Por supuesto, la filosofía que hay detrás de los axiomas de Zurich es exactamente la opuesta. Quizá estar libre de preocupaciones es agradable de cierta manera. Pero cualquier buen especulador suizo le dirá que si su principal objetivo en la vida es escapar de las preocupaciones, siempre será pobre.

También se aburrirá a morir.

La vida debe ser una aventura, no vegetar. Se puede definir una aventura como un episodio en el que usted enfrenta algún tipo de peligro y trata de superarlo. Mientras está enfrentando el peligro, su respuesta natural y saludable será un estado de preocupación.

La preocupación es una parte integral de los goces más grandes de la vida. Las aventuras amorosas, por ejemplo. Si usted tiene miedo de comprometerse y de correr riesgos personales, nunca se va a enamorar. Entonces, su vida puede ser tan tranquila como una piscina, mas ¿a quién le interesa? Otro ejemplo: los deportes. Una prueba atlética es un episodio en el que los atletas, y los espectadores a través de ellos, se exponen deliberadamente al peligro y se preocupan muchísimo por eso. Es una aventura menor para la mayoría de los espectadores y mayor para los atletas. Es una situación de riesgo cuidadosamente creado. No asistiríamos a espectáculos deportivos y otras competencias si no obtuviéramos alguna satisfacción básica de ellos. Necesitamos aventura.

Quizá también requerimos a veces tranquilidad. No obstante, tenemos bastante en la noche cuando dormimos y otro par de horas en diferentes momentos mientras estamos despiertos. Ocho o diez horas de veinticuatro deben ser suficientes.

Sigmund Freud comprendió la necesidad de aventura. Aunque estaba confundido acerca del "propósito" de la vida y tendía a caer en la incoherencia cuando se deslizaba hacia el tópico, no abrigaba la inverosímil creencia de que el propósito de la vida fuera estar en calma. Muchos de sus discípulos pensaban así, pero él no. Lo que es más, se tomó la molestia de burlarse del yoga y de otras disciplinas orientales psicorreligiosas, que él consideraba como la expresión final de la escuela "calmada" de enseñanza de salud mental. En el yoga, el objetivo es alcanzar la paz interior a expensas de todo lo demás. Como Freud señalaba en *La civilización y sus insatisfacciones*, cualquiera que alcance plenamente el objetivo de una disciplina semejante "ha sacrificado su vida". ¿Y para qué? "Sólo ha alcanzado la felicidad de la quietud."

Parece un mal negocio.

La aventura es lo que hace que la vida valga la pena vivirse. Y la forma de tener una aventura es exponerse al riesgo.

Gerald Loeb lo sabía. Por eso era que no podía aplaudir la decisión de Sobria Sylvia de poner su dinero en una cuenta bancaria.

Aun cuando las tasas de interés son relativamente altas, ¿cuál es el saldo? A comienzos del año usted le da 100 dólares a un banquero. A fin de año él le entrega 109. Excelente negocio. Y qué aburrido.

Es cierto, la seguridad de su capital de 100 dólares está prácticamente garantizada, por lo menos en cualquier banco respetable del mundo occidental industrializado. Con la excepción de una calamidad económica de trascendencia, usted no va a perder nada. El banquero puede bajar la tasa de interés en el curso del año, pero por lo menos no le va a devolver una cantidad menor que sus 100 dólares originales. Sin embargo, ¿dónde está la diversión? ¿El fuego? ¿La pasión? ¿Dónde están las grandes bandas de música?

¿Y dónde está la esperanza de hacerse rico?

En algunos países (en los Estados Unidos, por ejemplo), esos dólares de interés son un ingreso sujeto a impuestos. Lo que queda después de pagar los impuestos quizá lo deje a usted a mano con la inflación, quizá. Usted no cambiará su estatus financiero de manera apreciable siguiendo ese camino.

Tampoco se va a hacer rico por el ingreso de su salario. Es imposible. La estructura económica del mundo está construida en su contra. Si depende del ingreso de un empleo como su principal columna de sostén, lo más que puede esperar es pasar por la vida sin tener que mendigar para la comida. Ni siquiera eso está garantizado.

Extrañamente, la vasta mayoría de los hombres y mujeres depende principalmente del salario, con los ahorros como un respaldo. Frank Henry se molestaba porque las personas de clase media de los Estados Unidos se ven empujadas inexorablemente en esta dirección por su educación y su condicionamiento social. Refunfuñaba: "Un joven no se puede escapar de eso. Los maestros, los padres, los consejeros, y todos los demás siguen insistiendo con el muchacho: 'Haz tu tarea o no conseguirás un buen trabajo'. Conseguir un buen trabajo se supone que es el punto máximo de las ambiciones de cualquiera. Pero, ¿qué ocurre con una especulación eficaz? ¿Por qué no les hablan a los chicos de ello?"

Y yo fui un joven al que se le hablaba mucho de eso. La experiencia de Frank Henry era que sólo la mitad de las energías financieras de uno debían dedicarse a los ingresos por medio del trabajo. La otra mitad debían ir hacia la inversión y la especulación.

Porque esta es la verdad desnuda. A menos que usted tenga un pariente rico, la única forma en que podrá elevarse por encima de la mayoría no rica —*absolutamente la única esperanza que tiene*— es corriendo riesgos.

Sí, por supuesto, es una calle de doble circulación. Arriesgar implica la posibilidad de perder en lugar de ganar. Si especula con su dinero, debe prepararse para perderlo. En lugar de terminar rico, puede terminar pobre.

Pero véalo de esta manera: como ciudadano común con un ingreso, perseguido por los impuestos, desgastado por la inflación, llevando parte del resto de la sociedad sobre sus espaldas, de todos modos usted está en una condición financiera muy penosa. ¿Cuál es la verdadera diferencia si se empobrece un poco mientras trata de enriquecerse?

No es probable que usted se vuelva mucho más pobre, no si cuenta con los axiomas de Zurich como parte de su equipo. Pero puede volverse mucho más rico. Hay mucha más distancia que recorrer hacia arriba que hacia abajo, y no importa lo que suceda, tendrá una aventura. Con ganancias potenciales mucho más grandes que las posibles pérdidas, el juego está armado en su favor.

Las dos amigas de Gerald Loeb, Sylvia y Mary, ilustran lo que puede suceder. Cuando tuve noticias de ellas por última vez, estaban entre los 50 y los 60 años. Ambas se habían casado y se habían divorciado, y ambas habían seguido manejando sus asuntos financieros en la forma que habían discutido con Loeb cuando estaban comenzando.

Sylvia había puesto todo su efectivo sobrante en cuentas de ahorro, certificados de depósito a largo plazo, bonos municipales libres de impuestos y otros refugios "seguros". Los bonos municipales no resultaron tan seguros como le habían prometido, porque habían perdido un gran porcentaje del valor del capital durante el aumento desordenado e inesperado de las tasas generales de interés en la década de 1970. Sus cuentas bancarias y sus certificados de depósito conservaron intacto el resto de su capital, pero la igualmente inesperada inflación de dos dígitos de los 70 disminuyó desastrosamente su poder adquisitivo.

Su mejor decisión había sido comprar una casa cuando se casó. Ella y su esposo eran copropietarios. Cuando se divorciaron, acordaron vender la casa y dividir la ganancia mitad y mitad. El valor de la casa había aumentado mucho durante esos años, de manera que ambos se alejaron con una cantidad de dinero considerablemente mayor que la que habían invertido.

Aun así, Sylvia no era rica ni mucho menos. Regresó a trabajar en una casa de bolsa después de su divorcio y tiene que seguir trabajando hasta que pueda optar por la pensión después de los 60 años. La pensión no será muy grande; no obstante, no se puede permitir dejarla, pues su riqueza neta no es suficientemente grande como para llevarla a través de su vejez.

Ha diseñado su vida de manera tal que el ingreso de su trabajo es su principal sostén. Probablemente no pasará hambre, aunque siempre tendrá que pensar mucho antes de comprarse un par de zapatos nuevos. Ella y sus gatos vivirán en un departamento de una recámara que nunca se calienta lo suficiente durante el invierno.

En cuanto a Mary, ella enriqueció.

Siempre se preocupó por la seguridad del capital, como cualquier persona sensata, mas no permitió que esa preocupación abrumara todo el resto de su filosofía financiera. Corrió riesgos. Tras un comienzo difícil, empezó a ver que algunos de los riesgos daban resultados. Le fue bien en el mercado alcista de los 60, pero su especulación más exitosa fue con el oro.

El metal amarillo estuvo disponible para los ciudadanos estadounidenses como medio de inversión en 1971, cuando el presidente Nixon suprimió la vinculación oficial entre el oro y el dólar. Hasta entonces, el precio había permanecido inamovible en 35 dólares por onza troy. Después de la decisión del presidente, el precio saltó. Pero Mary fue rápida. Contrariando el consejo de un montón de asesores conservadores, compró el metal a varios precios entre los 40 y 50 dólares.

Antes del final de la década, el precio llegó a 875 dólares. Vendió la mayoría alrededor de los 600. Antes había estado muy bien, pero ahora era rica.

Tiene una casa, un condominio y un terreno en una isla del Caribe. Pasa viajando gran parte de su tiempo, y viaja en primera clase, por supuesto. Hace mucho que dejó su trabajo. Como le explicó a Gerald Loeb, el salario se había convertido en un elemento de menor importancia en su panorama financiero. Su participación en los dividendos de sus acciones, anualmente, era superior a su salario. Por lo tanto, parecía desproporcionado gastar cinco de cada siete días ganando ese salario.

Es cierto que a lo largo de los años los asuntos financieros le habían dado a Mary muchas preocupaciones, probablemente muchas más que las que tuvo Sylvia. Quizá esto sirva de consuelo a Syivia en su vejez sin riqueza. Sylvia nunca ha tenido que irse a la cama preguntándose si va a ser rica o pobre en la mañana. Ella siempre ha podido hacer algún tipo de cálculo acerca de su situación financiera el próximo año o diez años más adelante. El cálculo no siempre ha sido exacto, especialmente durante los años en que sus bonos municipales se derretían como hielo al sol, pero por lo menos podía llegar a una aproximación. Eso debe haber sido consolador.

Por el contrario, Mary no pudo hacer más que conjeturas acerca de su futuro durante los años en que estaba adquiriendo su riqueza. Indudablemente hubo noches en que durmió mal o no durmió. Hubo momentos en que estuvo asustada.

Sin embargo, vea lo que logró a cambio.

Muchos de los más célebres especuladores de Wall Street han declarado públicamente que un estado de preocupación casi constante es parte de su manera de vivir. Pocos de ellos lo dicen como una queja. Casi siempre se sienten contentos. *Les gusta.*

Uno de los especuladores más empedernidos era Jesse Livermore, que prosperó en Wall Street durante los comienzos del siglo XX. Un hombre alto, bien parecido, con un sorprendente cabello rubio claro, Livermore atraía multitudes donde quiera que fuera. La gente siempre le estaba pidiendo consejos para invertir, y continuamente lo perseguían los reporteros de periódicos y revistas tratando de apresar trocitos de su sabiduría que pudieran citar. Un honesto joven periodista se le acercó un día y le preguntó si le parecía que valía la pena convertirse en millonario tomando en cuenta todo lo que había que luchar para llegar a serlo. Livermore respondió que a él le gustaba mucho el dinero, de manera que para él ciertamente valía la pena. "Pero, ¿no hay noches en que el que negocia acciones no puede dormir? —prosiguió el reportero—. ¿Vale la pena vivir preocupado todo el tiempo?

"Bueno, muchacho, le diré —contestó Livermore—. Cada ocupación tiene sus dolores y sus penas. Si cría abejas, recibe picaduras. Yo me preocupo. Es eso o seguir siendo pobre. Si yo tengo que elegir entre estar preocupado y ser pobre, siempre voy a preferir estar preocupado."

Livermore, que hizo y perdió cuatro enormes fortunas especulando en acciones, no sólo aceptaba la preocupación, sino que parecía disfrutarla. Una noche, él y Frank Henry estaban tomando unos tragos en un bar cuando repentinamente Livermore recordó que se suponía que tenía que estar en una cena. Telefoneó a la anfitriona ofreciéndole una disculpa, luego ordenó otro trago y le explicó a Frank Henry que se volvía distraído y olvidadizo cuando estaba metido en una operación arriesgada en el mercado. Frank Henry señaló que, por lo que él era capaz de observar, no había ningún momento en el que Livermore no estuviera metido en una operación arriesgada. Éste estuvo completamente de acuerdo. Si no estaba realmente en medio de una operación en un momento dado, se estaba preocupando por otra media docena que estaría haciendo la semana siguiente.

Admitió que se preocupaba por sus especulaciones todo el tiempo, incluso cuando dormía. Pese a ello, después dijo que estaba bien. "Así lo quiero. No creo que disfrutaría la vida ni la mitad si siempre supiera cuán rico voy a ser al día siguiente", dijo.

Frank Henry recordaba esto y lo seguía citando décadas después. Expresaba la filosofía del primer axioma. Desgraciadamente, Jesse Livermore no tuvo la ayuda de los demás axiomas y su historia no tuvo un final feliz. Volveremos luego con él.

Toda esta conversación sobre el riesgo y la preocupación quizá suena como si la vida del especulador transcurriera junto al borde de un precipicio. No es así. Es cierto, hay ocasiones en que usted tiene esa estremecedora sensación, pero esos momentos son raros y no duran mucho, por lo general. La mayor parte del tiempo lo único que le preocupará es hacer que la vida sea sabrosa. El grado de riesgo del que estamos hablando realmente no es muy grande.

A menudo, todas las manipulaciones financieras orientadas a obtener ganancias implican riesgo, ya sea que uno se llame a sí mismo especulador o no. El único rumbo prácticamente libre de riesgo que usted puede seguir con su dinero es colocarlo en una cuenta bancaria que le rinda intereses, en bonos oficiales o algún otro depósito similar. Y aun en eso hay riesgo. Se sabe que los bancos quiebran. Si en los Estados Unidos se desploma un banco con su dinero adentro, la Corporación Federal de Seguros de Depósitos (Federal Deposit Insurance Corporation, FDIC) se lo reembolsará, pero sólo después de una larga demora y sin intereses. Si se voltearan docenas de bancos al mismo tiempo en una catástrofe económica nacional, entonces ni siquiera la FDIC podría cumplir con sus obligaciones. Ella también fallaría. Nadie sabe lo que sucedería con el dinero de los depositantes en una situación como ésa. Felizmente, hay sólo una ligera probabilidad de que ocurran semejantes pesadillas. Una cuenta bancaria está casi tan libre de riesgos como cualquier inversión que usted pueda encontrar en este riesgoso mundo.

Sin embargo, y precisamente porque el riesgo es bajo, el beneficio es bajo. Buscando un mejor rendimiento, los hombres y las mujeres codiciosos se vuelven con su dinero hacia otros juegos más arriesgados. Extrañamente, la mayoría lo hace sin admitir que lo está haciendo. Pretenden que son muy prudentes y sensatos. No están corriendo riesgos. No están especulando, no están —¡hay que decir la temida palabra en un susurro!— *jugando*. No, están "invirtiendo".

Hay que examinar la supuesta diferencia entre invertir y especular, porque se le puede estar cruzando en el camino mientras trata de asimilar el primer axioma. Los que somos estudiantes de los axiomas de Zurich nos llamamos francamente especuladores. Esto le puede sonar como si lo presionaran o como si fueran a presionarlo para que corra peligros alocados e insensatos. Quizá piense que prefiere ser un inversionista antes que un especulador. Ser inversionista se oye más seguro.

En verdad, no obstante, no hay ninguna diferencia. Como decía con sinceridad Gerald Loeb: "Toda inversión es especulación. La única diferencia es que algunas personas lo admiten y algunas, no".

Es como la diferencia entre almuerzo y comida. De cualquier manera, usted come el mismo sandwich de salchicha. La única diferencia está en la impresión que alguien quiere dar.

Las personas que le ofrecen asesoría en la administración del dinero casi siempre se llaman a sí mismas asesores en "inversiones", no asesores en especulaciones. Suena más serio y más impresionante de esa forma (y también justifica honorarios más altos). Las hojas con indicaciones, los folletos y las revistas que prestan servicios a los diferentes mundos especulativos casi siempre se autotitulan publicaciones sobre "inversiones". Pero todas tienen como tema la especulación, igual que los axiomas de Zurich. Simplemente no les gusta decirlo.

Incluso existe una clase de títulos que a los expertos en finanzas les gusta llamar "a nivel de inversión". Eso se escucha muy digno, imponente y súper-seguro. Un asesor, hablando acerca de ese tipo de acciones en tono apropiadamente solemne, puede convencer a un novato de que ésta es la largamente buscada inversión de alto rendimiento sin riesgo.

Como las acciones de IBM. Su sobrenombre en Wall Street es "Big Blue". Usted siempre estará seguro comprando una acción "a nivel de inversión" como IBM, ¿no es cierto?

Seguro. Si usted compró IBM a su precio máximo en 1973, cuando casi todos los asesores del mundo la estaban pregonando, tuvo que esperar nueve años para recuperar su dinero. Más le hubiera valido guardar su dinero en un calcetín.

No hay especulaciones libres de riesgo, no importa lo dignas que parezcan. Para dar otro ejemplo, tomemos General Motors. Estas acciones, también, han aparecido casi siempre en las listas de los valores "como inversión" de los agentes de bolsa. En 1971, estaba en todas las listas, cuando todos pensaban que GM iba a ser dueña del mundo. Todos decían que no había nada especulativo en ello. Era el tipo de acción que los albaceas conservadores compraban para los huérfanos. Era una inversión. Pero algo malo pasó con esta maravillosa acción-inversión. Si compró a su precio máximo en 1971, todavía está usted esperando recuperar su dinero.

Llamarlo una inversión no altera los hechos: un juego sigue siendo juego. Tal vez piense que debieron aprender esto en la debacle de 1929, cuando repentinamente se reveló que todo Wall Street no era sino una gigantesca rueda de ruleta, que se engullía el dinero de los jugadores a un ritmo espeluznante. Las historias de las acciones-inversiones de 1929 quizá lo hagan llorar. Ferrocarril Central de Nueva York 257 dólares en 1929, a 9 dólares tres años después. Radio Corporation, antecesora de RCA: de 574 a 12 dólares. Y una GM más joven: de 1, 075 a 40 dólares.

Como mencionó Loeb, toda inversión es especulación. Usted pone su dinero y asume sus riesgos. Es un especulador aunque esté apostando a GM o a cualquier otro. Mejor es que lo admita. No tiene sentido tratar de engañarse. Comprende mejor el mundo cuando se le acerca con los ojos bien abiertos.

Los axiomas de Zurich tratan acerca de la especulación y lo dicen. No quiere decir que tratan sobre el correr riesgos sin ningún sentido. Solamente significa que son sinceros.

AXIOMA MENOR I
Siempre juegue por apuestas importantes

"Apuesta sólo lo que te puedes permitir perder", reza el viejo adagio. Lo oye en Las Vegas, en Wall Street, y donde quiera que la gente arriesga dinero para obtener más dinero. Lo lee en libros sobre inversiones y administración del dinero escritos por asesores convencionales como Sylvia Porter. Se repite tan a menudo y en tantos lugares que ha adquirido una aureola de verdad a fuerza de afirmarlo, igual que la recomendación de los acobardados acerca de tener calma.

No obstante, debe estudiarlo con mucho cuidado antes de considerarlo parte de su equipo de herramientas especulativas. Tal como lo interpreta la mayoría, es una fórmula que casi asegura malos resultados.

¿Qué es una cantidad que usted se puede "permitir perder"? La mayoría la define como "una cantidad que, si la pierdo, no me perjudica". O "una cantidad que, si la pierdo, no hará una gran diferencia en mi bienestar financiero general".

En otras palabras, dos o tres pesos. Cien pesos. Unos miles. Éste es el tipo de cantidades que la mayoría de las personas de clase media consideraría que se pueden perder. Como resultado, éste es el tipo de cantidades con las que especula la mayoría de las personas de clase media, si es que especula.

Pero analice esto: si apuesta 100 dólares y duplica su dinero, todavía es pobre.

La única forma de vencer al sistema es jugar con apuestas importantes. Eso no significa que debe apostar cantidades cuya pérdida lo llevaría a la bancarrota. Después de todo, tiene que pagar la renta y alimentar a los niños. Sólo implica que debe superar el miedo a ser perjudicado.

Si una suma es tan pequeña que perderla no hará ninguna diferencia considerable, entonces tampoco es probable que le produzca ganancias importantes. La única forma de lograr un gran beneficio con una apuesta pequeña es buscar una probabilidad muy, muy pequeña. Puede comprar un boleto de lotería de un dólar y ganar un millón, por ejemplo. Es bonito soñar con algo así, pero, por supuesto, las probabilidades en su contra son deprimentemente altas.

En el curso normal del juego especulativo usted debe comenzar teniendo disposición para recibir un perjuicio, aunque ligero. Apueste cantidades que lo preocupen, aunque sea un poco.

Quizá usted quiera comenzar modestamente y luego aumentar la dosis de preocupación a medida que adquiere experiencia y confianza en su propia psiquis. Cada especulador encuentra su propio nivel de riesgo tolerable. Algunos, como Jesse Livermore, apuestan tan audazmente que pueden ir a la quiebra con una rapidez espectacular, y, como ya señalamos, así pasó cuatro veces con Livermore. Su nivel de riesgo era tan alto que asustaba a otros especuladores, inclusive veteranos. Frank Henry estudiaba los movimientos de Livermore y volvía a casa sacudiendo la cabeza, estupefacto. "¡Este hombre está loco!", decía. Su propio nivel de riesgo era inferior. En una ocasión, estimó que, si todas sus especulaciones le estallaban en la cara en un solo y gran cataclismo, cuando se disipara el humo todavía tendría aproximadamente la mitad de lo que había tenido antes.

Perdería 50 por ciento. Por otra parte, conservaría 50 por ciento. Ése era el grado de preocupación que había elegido.

Otro hombre que creía en las grandes apuestas era J. Paul Getty, el magnate petrolero. Su historia es instructiva. La mayoría de la gente parece pensar que él heredó de su padre su enorme riqueza o que por lo menos heredó sus cimientos. Los hechos son muy diferentes. J. Paul Getty hizo solo ese montón monumental, comenzando como un especulador común de clase media como usted y como yo.

Lo irritaba en forma intolerable que la gente pensara que le habían ofrecido la vida en charola de plata. "¿De dónde viene esta idea?", me gritó exasperado una vez. (Lo encontré en *Playboy*. Tenía acciones de la compañía matriz de la revista, trabajó algunos años como su editor de negocios y finanzas, y escribió treinta y cuatro artículos. Ésta era su manera de relajarse cuando no estaba trabajando de magnate.)

Finalmente, llegó a la conclusión de que era el enorme tamaño de su fortuna lo que hacía que casi todos llegaran a esa suposición equivocada. Evidentemente, a las personas se les hacía difícil creer que un hombre pudiera comenzar con una apuesta modesta, tipo clase media, y hacer mil millones propios.

Pero eso es exactamente lo que hizo Getty. La única ventaja que él tuvo sobre usted y sobre mí fue que él empezó a comienzos del siglo XX, cuando todo costaba menos y no había impuesto sobre la renta. No recibió dinero de su padre, glacial y severo, más que un par de modestos préstamos que se le exigía devolver en un plazo que no admitía excusas. Lo más valioso que recibió de su padre no fue dinero, sino instrucción.

Getty padre, George F., era un abogado y especulador autodidacta de Minneapolis, que se hizo rico en el boom del petróleo de Oklahoma, al iniciarse el siglo XX, desarrollando reglas de juego que se parecían un poco a los axiomas de Zurich. Era un hombre de creencias austeras, inflexibles, arraigadas en la ética del trabajo. Como escribió J. Paul en *Playboy*: "George F. rechazaba cualquier idea de que el hijo de un hombre de éxito debiera ser consentido o que recibiera dinero de regalo después de tener la edad suficiente como para ganarse la vida". Por lo tanto, el joven J. Paul salió a luchar para buscar por su cuenta su fortuna.

En principio, había pensado que quería unirse al cuerpo diplomático o ser escritor, pero tenía en la sangre el amor de su padre por la especulación. Se sintió atraído por Oklahoma y por el petróleo. Trabajando como obrero no calificado, acumuló unos pocos cientos de dólares. A medida que crecía su pequeño montón, aumentaban sus ansías por arriesgarlo.

Fue entonces que demostró su comprensión del principio que está detrás del axioma menor I. Había aprendido este principio de su padre. *Siempre juega por apuestas importantes.*

Podría haber comprado parte de la acción por 50 dólares o hasta por menos. No faltaban oportunidades para hacerlo. Los campos petroleros hervían de sindicatos de especuladores que necesitaban dinero para seguir perforando. Hubieran vendido participaciones diminutas a cualquiera que tuviera unos pocos dólares. Pero Getty sabía que nunca se haría rico con participaciones diminutas.

En cambio, salió en busca de algo más grande. Cerca del pequeño caserío de Stone Bluff, otro especulador ofrecía la mitad de una concesión petrolera que le pareció prometedora a Getty. Decidió apostar a ella. Ofreció 500 dólares, casi todo su fajo. Nadie superó su oferta, y J. Paul Getty estaba oficialmente en el negocio petrolero.

En enero de 1916, el primer pozo de prueba llegó a grava productiva: más de 700 barriles diarios de petróleo crudo. No mucho después, Getty vendió por 12,000 dólares su parte, y así fue como se fundó su fabulosa fortuna.

Muchos años después, recordando esa fundamental aventura de tiempo atrás, dijo: "Por supuesto, tuve suerte. Podría haber perdido. Pero aun si hubiera perdido, eso no hubiera cambiado mi convicción de que yo tenía razón al correr el riesgo. Al correr un riesgo —y bastante grande, lo admito— me di la posibilidad de llegar a algún punto interesante. La posibilidad, la esperanza, ve usted. Si yo me hubiera rehusado a correr el riesgo, yo no hubiera tenido la esperanza".

Agregó que, aunque hubiera perdido, no habría sido el fin del mundo. Simplemente hubiera vuelto a juntar algún dinero e intentado de nuevo. " De manera que me pareció que tenía mucho más que ganar que lo que tenía que perder", recordó. "Si ganaba, sería maravilloso en varios aspectos. Si perdía, me dolería, pero no demasiado. Me pareció que el curso correcto de acción estaba claro. ¿Qué hubiera hecho usted?"

AXIOMA MENOR II
Resista el atractivo de la diversificación

A lo largo y a lo ancho del mundo de las inversiones, lo llaman diversificación. Lo podrían llamar igualmente diversidad.

Esto indica lo inflada que está.

Después de todas estas décadas de uso, es demasiado tarde para cambiar ahora la palabra, de manera que seguiré usándola en la forma comúnmente aceptada: Diversificación. Veamos lo que significa esta palabra pomposa y poco elegante, y cómo puede afectar sus esfuerzos para volverse rico. Tal como se emplea en la comunidad inversionista, significa repartir su dinero. Extenderlo en una capa delgada. Ponerlo en un montón de pequeñas especulaciones en lugar de hacerlo en unas pocas, grandes.

La idea es tener seguridad. Si seis de sus inversiones no llegan a ningún lado, quizá otras seis sí. Si Electrónica Hey Wow va a la quiebra y el valor de cada acción cae a 3 centavos, tal vez su especulación con Computadoras Hoo Boy resulte mejor. Si todo se desploma, quizá sus bonos municipales, por lo menos, aumenten de valor y lo mantengan a flote.

Ése es el razonamiento. En la letanía de la asesoría en inversiones convencional, tener una "cartera diversificada" está entre los más reverenciados de todos los objetivos financieros. Sólo lo supera una cosa: tener una cartera diversificada de acciones-inversiones. Si ha conseguido eso, ¡tiene la sartén por el mango!

O por lo menos así le van a decir. El hecho es que la diversificación, al tiempo que reduce sus riesgos, reduce en la misma medida cualquier esperanza que tenga de enriquecerse.

La mayoría de nosotros, aventureros de clase media, cuando comenzamos nuestras aventuras especulativas tenemos sólo una cantidad limitada de capital con la que podemos jugar. Digamos que usted posee 5,000 dólares. Quiere que crezcan. ¿Qué es lo que va a hacer? La sabiduría convencional diría que diversifique. Haga diez apuestas de 500 dólares cada una. Compre 500 dólares de GM porque la industria automotriz se ve muy animada, 500 en el mercado de dinero en caso de que las tasas de interés suban, 500 más en oro en caso de que todo lo demás caiga, etcétera. Ahí está, usted se halla a cubierto de todo tipo de eventualidades. Lo hace sentir seguro, ¿no es cierto? Seguro ante casi todo, incluyendo el peligro de volverse rico.

La diversificación tiene tres fallas principales:

1. Lo obliga a violar el precepto del axioma menor I: que siempre debe jugar con apuestas importantes. Si su capital inicial

no es en sí mismo muy importante, diversificarlo sólo va a empeorar las cosas. Cuanto más diversifica, tanto más pequeñas son sus especulaciones. Llevado a los extremos, usted puede terminar con cantidades que son realmente insignificantes.

Como observamos al explicar el axioma menor I, una gran ganancia sobre una cantidad pequeña lo deja como al comienzo: todavía es pobre. Digamos que su especulación de 500 dólares en las Computadoras Hoo Boy resulta brillante, y se duplica el precio de las acciones. ¿Cuánto gana? 500 dólares. De esa manera, nunca va a llegar a la categoría máxima al pagar impuestos.

2. Al diversificar, crea una situación en la que es probable que las ganancias y las pérdidas se anulen entre sí, dejándolo exactamente donde empezó: en el punto cero.

Compró dos acciones que tenían, digamos, poco riesgo de inversión: Computadoras Hoo Boy y Electrónica Hey Wow. Si las dos compañías recibieran la bendición de condiciones florecientes, usted imaginó, el valor comercial de sus acciones aumentaría. Muy bien, digamos que su corazonada fue correcta. Las compañías han prosperado, y usted ha ganado 200 dólares en cada una de esas especulaciones de 500 dólares.

Pero cuando usted estaba comprando Hoo Boy y Hey Wow, su asesor en inversiones le advirtió solemnemente que compensara sus apuestas, diversificando. Dijo que, en caso de que llegaran malas épocas, debería tener algunos bonos conservadores y oro. De manera que compró 500 dólares en oro y 500 en bonos de la administración de carreteras de su estado natal, a treinta años, libres de impuestos, de máxima confianza. Y ahora está en medio de un boom. Las tasas de interés se han ido para arriba a causa de la demanda de préstamos y de financiamiento, de modo que el valor de sus bonos de interés fijo se hunde. Bajaron cien dólares. En cuanto al oro, todos los que tienen metal amarillo están vendiendo frenéticamente para tener efectivo. Todos quieren meterse en el mercado alcista de Wall Street o poner el dinero en esas nuevas cuentas bancarias tentadoras con unas maravillosas tasas de interés. El valor de su oro se escurre como el agua en un viejo cubo oxidado. Bajó 300 dólares.

O sea que ha ganado 400 dólares en sus acciones, pero ha perdido 400 en sus bonos y en el oro. ¿De qué sirve?

3. Al diversificar, se convierte en un malabarista que trata de mantener demasiadas pelotas en el aire al mismo tiempo.

   Si usted mantiene unas pocas especulaciones y una o dos resultan mal, puede tomar alguna acción defensiva. El tercer axioma y otros toman en consideración esta situación. Pero si usted tiene una docena de pelotas en el aire y la mitad comienza a ir en la dirección equivocada, no tiene muy buenas posibilidades de salir del dilema sin un ojo morado. Cuanto mayor sea el número de especulaciones en el que se involucro, éstas exigirán mayor tiempo y estudio. Puede llegar a sentirse

> desesperadamente confundido. Cuando las cosas van mal (lo que es inevitable, como seguramente sabe), puede acercarse al pánico a medida que se presenta un problema tras otro. Lo que sucede a menudo con las personas que están en este tipo de apuro, en especial con los especuladores novatos, es que se paralizan. No pueden tomar alguna acción porque se sienten presionados al tener que tomar demasiadas decisiones difíciles demasiado rápido. Sólo aciertan a quedarse parados, boquiabiertos, pasmados, mientras su riqueza se desvanece.

Cuando usted analiza estas tres fallas principales de la diversificación y las evalúa contra su única ventaja, la seguridad, comienza a ver que no es tan buena.

Un poco de diversidad probablemente no causará ningún daño. Tres buenas especulaciones, quizá cuatro; quizá hasta seis si lo atraen fuertemente al mismo tiempo. Mi regla práctica personal es no tener más de cuatro al mismo tiempo, y con mayor frecuencia mantengo el número en tres o menos, a veces solamente una. Me siento incómodo con más. Esto es en gran parte una cuestión de preferencia personal y de hábitos individuales de pensamiento. Si siente que puede manejar con eficacia un número mayor, hágalo. Pero no diversifique por el mero gusto de la diversidad. Si lo hace, se volverá un participante en un concurso de compras en un supermercado en el que la meta es llenar rápidamente la canasta. Usted regresa a su casa con un montón de cosas caras que en realidad no quiere. En la especulación, debe poner su dinero en aventuras que lo atraen genuinamente y *solamente en ellas*. Nunca compre algo sólo porque piensa que lo necesita para completar una "cartera diversificada".

Como dicen algunos en Wall Street: "Pon todos los huevos en una canasta y luego vigila la canasta". Éste es un viejo consejo financiero que resiste el examen. Quien lo haya dicho por primera vez no era, obviamente, un fanático de la diversificación. Es mucho más fácil vigilar una o unas pocas canastas que una docena. Cuando venga el zorro a robar sus huevos, podrá manejarlo sin tener que dar vueltas como loco.

Estrategia especulativa

Ahora revisemos rápidamente el primer axioma. Específicamente, ¿qué le aconseja hacer con su dinero?

Dice que arriesgue su dinero. No tenga miedo de perjudicarse un poco. El grado de riesgo que por lo general estará manejando no será tan alto como para poner los pelos de punta. Al estar dispuesto a enfrentarlo, se está dando a sí mismo la única posibilidad realista de elevarse por encima de la mayoría no rica.

El precio que paga por esta gloriosa oportunidad es un estado de preocupación. Pero esta preocupación, insiste el primer axioma, no es la enfermedad que la moderna psicología cree que es. Es la salsa ácida y picante de la vida. Una vez que se acostumbra a ella, la disfruta.

Segundo axioma mayor

SOBRE LA CODICIA

Siempre tome su ganancia demasiado pronto.

Lo hacen los amateurs de Wall Street. Lo hacen los amateurs en los juegos de póker. Lo hacen los amateurs en todas partes. Se quedan demasiado tiempo y pierden.

Lo hacen por codicia, y de eso trata el segundo axioma. Si puede dominar la codicia, ese solo acto de autocontrol lo hará un mejor especulador que el 99 por ciento de los otros hombres y mujeres que están luchando detrás de la riqueza.

Pero es un acto difícil apartarse con éxito. La codicia está incorporada a la psiquis humana. La mayoría de nosotros la tiene en grandes cantidades. Probablemente ha inspirado más sermones dominicales que cualquier otro de nuestros rasgos menos que laudables. Los sermones tienden a tener un sonido desesperado, con suspiros en lugar de puntos. La desesperación nace de la sensación de que la codicia está tan profundamente atrincherada en nuestras almas que extraerla es tan difícil como cambiar el color de nuestros ojos.

Evidentemente, no se la puede exorcizar con sermones. Éstos jamás han tenido el más ligero efecto en contra de ella. No es posible que usted la domine escuchando los sermones de otras personas o sermoneándose a sí mismo. Un camino más pragmático y prometedor sería pensar en la rica y extraña paradoja que está en el corazón del segundo axioma: al reducir su codicia, aumenta sus posibilidades de enriquecerse.

Detengámonos para definir nuestros términos. Codicia, en el contexto del segundo axioma, significa una ambición excesiva: querer más, más, siempre más. Implica querer más de lo que vino a buscar o más de lo que tiene derecho a esperar. Entraña perder el control de su deseos.

La codicia es la prima hinchada, autodestructiva, de la ambición. Tal como empleamos el término aquí, "ambición" es el deseo natural de mejorar nuestro bienestar material. Los axiomas de Zurich fueron reunidos por personas con una saludable dosis de ambición, y es poco probable que usted los esté estudiando a menos que también tenga esa característica.

Todos los animales sobre la Tierra tienen el instinto de conseguir alimento, un lugar para descansar y los medios para autoprotegerse, y en este aspecto diferimos de las otras criaturas sólo en que nuestras necesidades son más complicadas. No se avergüence por ser un ambicioso. Ese rasgo es parte de su equipo de supervivencia.

Pero la ambición desordenada, la ambición salida de control hasta el punto de que es contraproducente para sus propios objetivos... eso es codicia. Témala y ódiela. Es un enemigo del especulador.

Un hombre que estudió casi toda su vida la codicia fue Sherlock Feldman, quien fue durante muchos años el gerente del casino del Dunes, uno de los clubes de juego más grandes de Las Vegas. Un hombre gordo con anteojos de armazón gruesa y un aspecto de buen humor triste, Feldman acostumbraba observar a los clientes de su club durante las horas de trabajo que había elegido, de 2:00 a.m. a 10:00 a. m. diariamente, y lo que veía lo hacía caer con frecuencia en ataques de filosofía.

"Si quisieran menos, se irían a casa con más", decía. Ése era su propio axioma sobre la codicia.

Comprendía bien la codicia porque él mismo era un consumado jugador. En su juventud, ganó y perdió varias pequeñas fortunas, aunque finalmente aprendió a controlarse y murió cómodamente rico. Al hablar de sus clientes en el Dunes, afirmaba: "Lo que hacen aquí no es demasiado importante para la mayoría de ellos. Están sólo jugando. Pierden un par de centenares, ¿a quién le importa? Pero si la forma en que juegan aquí es la forma en que juegan sus vidas, entonces quizá tenga importancia. Se puede decir por qué no son ricos muchos de ellos. Observándolos aquí, se puede ver por qué nunca llegan a un lugar destacado". Contó acerca de una mujer que llegó con un pequeño fajo de dinero que estaba preparada a perder por divertirse. "Va hacia una ruleta y pone 10 dólares en un número. Me olvidé cuál era, su número de la suerte o su cumpleaños o algo así. Y ¿qué cree? Sale el número y gana 350 dólares. De manera que toma 100 y los pone sobre algún otro número, ¡y sale ese número! Esta vez, recibe 3,500 dólares. Todos sus amigos la rodean y le dicen que apueste algo más, ésta es su noche de suerte. Los mira, y yo puedo ver que está volviéndose codiciosa."

Feldman interrumpió la narración de la historia para secarse la frente con un pañuelo. "Bueno, sigue apostando. Ya ha acertado teniendo pocas probabilidades, de manera que comienza a apostar a color y a docena apuesta unos pocos cientos cada vez y sigue ganando. Seis, siete veces seguidas. ¡Realmente tiene una buena racha esta mujer! Finalmente, tiene algo así como 9,800 dólares. Usted pensaría que eso es suficiente, ¿no es cierto? Yo me hubiera detenido mucho antes. Un par de miles me hubieran hecho feliz. Pero esta mujer no es feliz ni siquiera con 9,800 dólares. Ahora está mareada por la codicia, ve. Sigue diciendo que sólo necesita otro par de cientos para tener diez mil."

Tratando de alcanzar ese gran número redondo, comenzó a perder. Su capital se desvaneció. Colocó apuestas mayores arriesgando más para recuperarlo. Por último perdió todo, incluyendo sus 10 dólares originales. Esta historia ilustra el significado original del consejo popular: "No presiones tu buena suerte", o como dicen con frecuencia los suizos: "No estires tu buena suerte". La mayoría de las personas lo emplean en la conversación informal sin comprender que tiene un significado serio. Merece un estudio más profundo que el que generalmente recibe.

Lo que significa es esto: en el curso del juego de azar o de la especulación, de vez en cuando tendrá rachas de buena suerte. Las disfrutará tanto que quisiera que siguieran para siempre. Indudablemente, usted tendrá el buen sentido de reconocer que no pueden durar para siempre, pero si la codicia lo tiene en sus garras, se convencerá a sí mismo y esperará o creerá que por lo menos durarán mucho tiempo... y luego un poco más... y luego sólo un *poquito* más. Y usted seguirá y seguirá, y al final usted y su dinero se irán al precipicio.

Estudiaremos con más detalle el problemático fenómeno de ganar por rachas cuando lleguemos al quinto axioma. (Los axiomas están intrincadamente entrelazados. Es muy difícil hablar de uno sin mencionar a los demás.) Por ahora, lo que se debe valorar es que usted no puede saber con anticipación cuánto va a durar una buena racha. Puede durar mucho tiempo. O por el contrario, puede terminar el próximo minuto.

Entonces, ¿qué debe hacer? Debe suponer que cualquier conjunto o serie de eventos que le produce una ganancia será de corta duración, y que su ganancia, por lo tanto, no será extravagantemente grande.

Sí, seguramente, ese encantador conjunto de eventos podría continuar hasta producir una ganancia colosal. *Podría*, pero desde su posición al comienzo del conjunto, cuando necesita tomar una decisión de seguir-sentado-o-abandonar sin ser capaz de ver el futuro, será mucho mejor que juegue de acuerdo con los promedios. Los promedios favorecen, en forma aplastante, abandonar pronto.

Las buenas rachas largas son noticia y se habla de ellas en las fiestas, pero son noticia precisamente porque son raras. Las rachas cortas y modestas son mucho más comunes.

Siempre apueste a las cortas y modestas. No permita que la codicia lo domine. Cuando tenga una buena ganancia, cobre y váyase.

De vez en cuando, lamentará haberse ido. El conjunto ganador seguirá sin usted, y usted se quedará contando malhumoradamente todo el dinero que no ganó. Mirando en retrospectiva, su decisión de abandonar le parecerá equivocada. Esta experiencia deprimente le ocurre alguna vez a todo especulador, y no voy a tratar de minimizarla. Quizá usted quiera llorar. Pero reanímese. Para compensar la vez o las dos veces en que la decisión de retirarse estuvo equivocada, habrá una o dos docenas de ocasiones en que resulte correcta. A la larga, ganará más dinero cuando controle su codicia.

Siempre tome su ganancia demasiado pronto, dice el segundo axioma. ¿Por qué "demasiado pronto"? ¿Qué significa esa frasecita enigmática? Se refiere a la necesidad de cobrar en efectivo antes de que un conjunto de eventos ganadores haya alcanzado su máximo. Nunca trate de exprimirle el último dólar posible a un conjunto. Rara vez funciona. No se preocupe por la posibilidad de que al conjunto todavía le falte mucho... por la posibilidad de arrepentirse. No tenga miedo de arrepentirse. Puesto que usted no puede ver el punto máximo, debe suponer que está más bien cerca que lejos. Tome su ganancia y salga.

Es como ascender a una montaña en una noche negra, brumosa. La visibilidad es cero. Encima y adelante de usted, en alguna parte, está la cima, y del otro lado hay una caída perpendicular hacia el desastre. Usted quiere llegar tan alto como pueda. Idealmente, le gustaría llegar a la cima y detenerse exactamente allí. Pero usted sabe que lo "ideal" no sucede con frecuencia en la vida real, y no es lo suficientemente ingenuo como para pensar que va a ocurrir ahora. De modo que el único camino sensato es dejar de ascender cuando haya alcanzado lo que considera una buena altura. Deténgase antes de la cima. Deténgase demasiado pronto.

Seguramente, cuando se levante la bruma y salga el sol verá que está a menos de la mitad del camino a la cima. Podría haber ascendido mucho más, pero no alimente este arrepentimiento. No subió todo, pero subió. Ha hecho una ganancia sólida. Lo que es más, la consiguió y la conservó. Está mucho mejor que los avorazados que treparon ciegamente hacia la cima y se cayeron del otro lado.

Eso le sucedió a muchos especuladores en bienes raíces a comienzos de la década de 1980. Como ejemplo, tomemos la triste historia de Alice y Harry, una pareja de Connecticut. Me contaron su experiencia porque sentían que habían aprendido mucho de ella. Lo que hiere, enseña. Querían explorar sus nuevos conocimientos. Prometí no revelar sus identidades. Alice y Harry no son sus verdaderos nombres.

Son una pareja casada de poco más de 40 años, ambos atractivos, brillantes y ambiciosos. Los dos ganan buenos sueldos en su trabajo. Sus ingresos sumados, su estilo de vida y orientación social en general los colocan en el borde inferior de la clase media alta. Tiene dos hijos en la universidad.

Como muchas personas de ingresos medios siempre han luchado para vivir dentro de su ingreso. No han podido ahorrar mucho para invertir, y lo que han invertido ha ido principalmente a cuentas bancarias, seguros de vida y otros depósitos de ahorro similares. Su única buena especulación ha sido su casa.

A comienzos de la década de 1970 fueron al rico condado Fairfield, de Connecticut, y compraron una casa que exigía hasta el extremo de sus capacidades financieras. Ésta fue una decisión deliberada. Después de ahorrar durante años y de seguir sintiéndose no–ricos, estaban comenzando a desarrollar la conciencia del primer axioma. Estaban llegando a comprender que no habían arriesgado suficiente.

Como hace mucha gente de la clase media, consideraban su casa como una entidad con un doble papel: no sólo un lugar para vivir, sino una forma de lograr una ganancia de capital, quizá grande. Los valores de los bienes raíces en el condado de Fairfield aumentaron espectacularmente en los 70 (aunque no tanto como en algunos otros lugares, como el condado Marin de California o el Dade de Florida). A comienzos de la década de 1980, Harry y Alice, haciendo una estimación conservadora, pensaron que el valor comercial de su casa era de dos veces y media a tres veces lo que habían pagado por ella hacía menos de una década.

Era el momento de vender. Los muchachos habían crecido y se habían marchado. Alice y Harry ya no necesitaban una casa grande. En realidad, ambos estaban hartos de la vida suburbana y de las cargas de tener una propiedad. Querían mudarse a un lugar más pequeño, tal vez a un departamento comprado o rentado. El saludable crecimiento del valor de su casa hizo que la idea de vender pareciera todavía más atractiva. Tendrían una buena ganancia. El valor comercial de su casa se había triplicado o algo así, pero a causa de la ventaja proporcionada por su préstamo hipotecario —un efecto exactamente igual al de comprar futuros de acciones o de productos con margen— habían más que sextuplicado el valor de su propio capital invertido. No era en absoluto un mal negocio.

Sin embargo, la codicia se apoderó de ellos. Esperaron para obtener más.

Alice recuerda que había leído o escuchado algo acerca de personas en lugares como el condado Marin donde el valor comercial de sus casas se había multiplicado por diez en diez años. "Pensamos, ¿no sería encantador?", dice ella. "Pensamos, si puede suceder en Marin, entonces puede suceder en Fairfield. Si nuestra casa valiera diez veces más, ¡seríamos millonarios!"

Harry recuerda que su principal motivo era el temor de arrepentirse. "Me dije, bueno, está bien, es lindo que podamos vender este lugar en tres veces lo que pagamos. Pero supongamos que vendemos, y luego supongamos que unos pocos años después descubro que el tipo aquel a quien le vendí la volvió a vender por el triple de lo que él pagó. ¡Me daría con la cabeza contra la pared!"

De modo que esperaron. Alcanzaron la cima. Y se cayeron al cañón del otro lado.

Como sucede con frecuencia, la cima estaba mucho más cerca de lo que ellos querían creer. El mercado de los bienes raíces en Fairfield —y en la mayor parte de las áreas suburbanas de los Estados Unidos— se derrumbó entre 1981 y 1982, en particular el mercado de las casas grandes. En algunos vecindarios, difícilmente se podían vender las casas a ningún precio. Cuando tardíamente Alice y Harry pusieron su casa en venta, el mundo se negó a caminar hasta su puerta. Había pocos visitantes y todavía menos eran los compradores serios. Hasta los vendedores locales de bienes raíces, por lo común gente entusiasta, parecían aburridos y desanimados.

En todo un año, Alice y Harry recibieron sólo una oferta de un comprador. La cantidad que ofrecía era sorprendentemente baja. Era más de lo que ellos habían pagado por la casa, pero no mucho. Hubieran ganado más si hubieran guardado su capital en una cuenta de ahorros.

Cuando los vi por última vez, estaban esperando que el mercado se recuperara. Habían aprendido. Ya no esperaban un gran éxito financiero por su casa. Habían llegado a tener una idea del precio al que les gustaría venderla, un precio que les daría una buena ganancia, aunque no la bonanza. Estaban decididos a vender en el momento en que consiguieran que les pagaran ese precio, sin importar lo boyante que estuviera el mercado o lo altas que fueran las expectativas de todos para el futuro.

En otras palabras, estaban decididos a vender rápido. Espero que hayan mantenido esa decisión.

Para algunos, cumplir el precepto del segundo axioma parece extraordinariamente difícil. La principal dificultad puede ser el temor a arrepentirse. Éste fue el peor enemigo de Harry y quizá siga siéndolo. Harry no es el único.

El temor es particularmente común e intenso en el mercado de valores. "Nunca consultes nuevamente el precio de una acción que has vendido", advierte una de las viejas enseñanzas de Wall Street.

La recomendación no está pensada para ayudarlo a ganar dinero, sino para protegerlo de ataques de llanto. La "tristeza de lo que quedó atrás", como llaman a esta dolencia en Wall Street, se cree que está entre los padecimientos más dolorosos de todos los que pueden sufrir los especuladores en acciones.

¿Doloroso? Oh, Señor, sí. Como la vez que yo vendía Gulf Oil alrededor de los 31 dólares y vi cómo llegó a casi 60 un año después. O la vez que me deshice de 1,500 acciones de IBM a 70 dólares y fracción, y luego la maldita acción saltó a 130. O la vez... pero basta, ¡basta! Uno debe tratar de no torturarse. En lugar de entristecerme por estas cosas, debería felicitarme por todas esas veces en que vender rápido fue brillantemente correcto.

Debería, pero hasta para alguien tan profundamente impregnado de los axiomas como yo, la tristeza llega deslizándose en la noche. Prometí que no minimizaría el dolor del posible arrepentimiento y no lo haré. Sin duda, duele. No tengo medicinas sencillas que ofrecer. Para este dolor, no hay analgésico. Es algo que todo especulador tiene que soportar.

El temor al arrepentimiento puede ser grave alrededor de Wall Street porque los precios de las acciones se conocen todos los días hábiles. Esto es válido para algunos otros medios de especulación, mas no para otros, como el caso de los bienes raíces, por ejemplo. Usted puede tener una idea amplia, vaga, de las alzas y las bajas en el largo plazo del valor comercial de su casa, de su cabaña de vacaciones o de su condominio caribeño, pero no puede tener un precio exacto todos los días en el periódico. Esta falta de cotizaciones diarias le da una cierta protección emocional. Lo amortigua. A menos que la propiedad esté realmente en venta y usted esté escuchando ofertas, no puede hacer mucho más que adivinar el precio que podría tener. De la misma manera, posee la bendición de carecer de información acerca del valor comercial de una casa que vendió el año pasado o hace diez años.

Pero, si especula en acciones, puede tomar el periódico cualquier día, o telefonearle a su agente de bolsa, y saber hasta el centavo cuánto estaba dispuesta la gente a pagar ayer por cualquier acción negociada que usted posea, o haya poseído, o que alguna vez haya querido poseer. Si lo desea, un mes o un año después de haberla convertido en dinero, usted puede atormentarse viendo si el conjunto ganador siguió sin usted.

Los especuladores en acciones siempre están haciendo eso y siempre se provocan frenesíes. Un frenesí semejante puede nublar el juicio hasta un punto peligroso.

Una noche estuve tomando una copa con un antiguo amigo de Frank Henry, un especulador sudamericano. Se compadecía a sí mismo y parecía que había estado bebiendo toda la tarde. Su historia salió por partes. Cuando finalmente las pude ordenar, vi que había estado escuchando una tragedia financiera.

Frank Henry siempre había opinado que este hombre agradable era demasiado emotivo para el juego de Wall Street. Yo no sabía si eso era cierto, lo que sí sabía era que a este hombre siempre le estaban vaciando los bolsillos los estadounidenses y los suizos a quienes les gustaba atraerlo a juegos de póker con apuestas grandes. A medida que él dejaba salir las partes de su triste historia, comencé a pensar que quizá Frank Henry había tenido razón. El hombre tenía problemas en el mercado accionario por la misma razón, tal vez, por la que tenía problemas en la mesa de póker. La razón era que, aunque era intelectualmente consciente de lo que era correcto hacer en varias situaciones, no siempre podía darse el valor para hacerlo.

El problema particular que lo estaba molestando esa noche había comenzado mucho más atrás. Había comprado un gran paquete de acciones de Empresas Wometco, una compañía con intereses en las industrias de la televisión y del cine. El precio aumentó de manera considerable, luego vaciló. Él vio una buena ganancia, y no detectó alguna razón poderosa para pensar que el conjunto ganador debía continuar mucho más. De modo que, sensatamente, vendió. Luego, a causa de hechos imprevistos, el precio se cuadruplicó.

Eso le provocó un frenesí de ira y de arrepentimiento. Fue tan grave que llegó a tener miedo de vender nada. Estaba atrapado por el temor de que la historia se repitiera inexorablemente... tan pronto como vendiera una acción, *zoom*, se iría para arriba. El temor parecía haberío paralizado.

Él sabía que había transacciones que debía estar haciendo, mas no se podía mover. Lo atormentaba una situación en particular: Después de vender Wometo, había puesto la mayor parte de ese dinero en otra compañía de cine y televisión, Warner. Tenía un sólido conocimiento de la industria del espectáculo y, con mejor control de sí mismo, le hubiera ido muy bien. Sus acciones de Warner subieron, dándole de nuevo una buena ganancia. Las ganancias combinadas Wometco–Warner casi habían duplicado su dinero.

Suficiente, pensaría uno. Era el momento de salirse. Como lo dice el axioma, era *demasiado pronto*.

Pero él no pudo moverse. Retuvo las acciones.

Y, sin ningún aviso, la división Atari de Warner, de juegos de video, cayó en un atolladero de problemas. Las acciones de Warner perdieron cerca de los dos tercios de su valor en una caída vertiginosa y continua.

AXIOMA MENOR III
Decida por adelantado cuánto quiere ganar en una empresa, y cuando lo tenga, sálgase

El propósito del axioma menor III es ayudarlo a responder la pregunta siempre difícil y con frecuencia paralizante: *¿Cuánto es suficiente?*

Como hemos visto, la codicia es la razón principal por la que es tan difícil contestar esta pregunta. No importa cuánto tenga uno, quiere más. De esa manera están hechos los seres humanos.

Pero hay otro factor que contribuye a aumentar la dificultad para muchas personas, quizá para casi todas. Este es el hecho peculiar de que cuando una especulación es exitosa y aumenta su riqueza, cada nueva posición se siente como un punto de partida.

Digamos que usted comienza con 1,000 dólares. Lo pone en una apuesta a futuro en el precio de la plata. Su corazonada es correcta y un año después tiene 2,000 dólares. Ha duplicado su dinero.

Eso está bien. Si lo pudiera hacer cada año, pronto sería millonario. Pero el hecho desconcertante es que no se siente tan bien. En cambio, rápidamente se siente que ese dinero es como si fuera suyo por algún tipo de derecho. Tiende a darlo por hecho, en especial si lo ganó lentamente a lo largo del año más que de manera repentina. En lugar de decir: “Oh, oh, ¡he duplicado mi dinero!” o “Eh, mira esto, ¡tengo un billete de mil que antes no tenía!”, usted siente como si siempre hubiera tenido esa riqueza.

Los dos mil no se sienten como un punto de llegada. Se sienten como un nuevo punto de partida. A causa de eso, le va a resultar difícil separarse de esa aventura.

Esto puede parecerle desconcertante si no ha especulado con frecuencia o por lo menos jugado póker por centavos. Quizá parezca un problemita misterioso que aflige a otros, pero que no le va a suceder a usted. Es comprensible que piense así, más es demasiado optimista. El problema aflige a casi todos a su tiempo. Hay sólo una remota probabilidad de que usted sea inmune. Debe aprender a manejar el problema cuando lo afecte.

Hay muchas clases de esfuerzos humanos en los que se ven, se sienten y se comprenden con claridad la posición inicial y la final. Por ejemplo, el atletismo. Cuando un corredor llega al final de una carrera de una milla, él o ella sabe que es el final. No es cuestión de correr otra milla con la esperanza de ganar dos medallas de oro en lugar de una. Las energías están agotadas. La cinta se rompió, los ganadores están en los libros de récords. Todo se acabó. Es el momento de irse, descansar y reunir nuevas energías para otro día.

En el mundo del juego y de la especulación existen pocos puntos finales tan evidentes. Las partidas de póker terminan, es cierto. Los hipódromos cierran al terminar el día. Una vez cada mucho tiempo, una empresa suya en el mercado de valores puede terminar cuando una compañía en la que ha invertido es absorbida por una más grande y desaparece de la existencia. Sin embargo, la mayor parte del tiempo usted deberá poner sus propios finales.

Esto es algo muy, muy difícil de hacer, tan difícil que la mayoría de las personas no consiguen comprenderlo. (En realidad, la mayoría ni siquiera logran entender que es necesario.) Pero es una técnica que usted debe dominar. Es una parte esencial del equipo de un buen especulador.

Un final es el momento en que usted se retira, da un suspiro de alivio y se relaja brevemente. Como un corredor al terminar una carrera, se desploma en el pasto al costado de la pista. Piensa: "Bueno, se acabó. He hecho lo que me propuse hacer. He ganado mi medalla. Me sentaré aquí un momento y lo disfrutaré". O piensa: "Bien, muy bien, perdí, pero se acabó. Descansaré, pensaré y haré planes. Y mañana correré de nuevo". De cualquier manera, ha llegado a un final. Pero, ¿cómo arriba a un lugar para detenerse en un mundo donde no hay cintas de llegada, ni campanas que indiquen el final del *round*, especialmente cuando cada posición sucesiva parece una nueva posición de partida?

Ha comprado un puñado de acciones de Union Carbide, pongamos por caso. O ha invertido en oro. O tiene una casa. Éstas son carreras que no van a "terminar" en un futuro común que pueda predecir. Una carrera así tiene el final abierto. No hay alguna medida arbitraria de tiempo ni de distancia, no hay juez o árbitro que le vayan a decir cuándo puede dejar de esforzarse y desplomarse en el pasto. Se le exige que lo haga usted mismo —usted solo—. La carrera termina cuando usted afirma que termina.

El axioma menor III le dice cómo llegar a este final. Decida dónde está la línea de llegada antes de comenzar la carrera.

¿Eso hace que sea fácil vender? No, por supuesto que no. Pero hace el ejercicio mucho más sencillo que entrar a cada especulación con la idea de que es una carrera sin final.

Volvamos al ejemplo del que hablamos antes. Tiene 1,000 dólares y se siente atraído por una especulación en plata. Dígase a sí mismo: "Voy a entrar a esto con el propósito de..." (cualquiera que sea el propósito). Que no sea grandioso. Manténgalo relativamente modesto. Quizá duplicarlo en dos años. O aumentarlo a 1,500 dólares en un año. Ésa es la línea de llegada. Manténgala a la vista durante la carrera. Y cuando llegue, abandone.

Ahora vea cómo esto lo ayuda psicológicamente. Aquí está usted, en la línea de partida, con 1,000 dólares, anticipándose a un momento en que sean 2,000. Usted no está en posición de dar por hecho que va a tener 2,000, porque todavía no los tiene y, como seguramente sabe, quizá nunca los tenga. A esta altura de la empresa, en la línea de partida, los esperados 2,000 dólares parecen un premio por el que vale la pena luchar. No se siente que sea una nueva posición de partida. Se siente como un final.

Mantenga vivo ese sentimiento mientras madura la empresa. Aliméntelo. Si alcanza su objetivo, y cuando lo haga, a menos que haya razones verdaderamente convincentes para convertir la posición final en una nueva posición de partida, sea fiel a sí mismo y sálgase.

¿Cuáles podrían ser estas "razones verdaderamente convincentes", las razones para continuar en una carrera que usted había planeado terminar? Tales razones sólo pueden surgir de un cambio radical, imprevisto, en los acontecimientos y circunstancias que rodean su empresa. No simplemente un giro, sino un cataclismo. Ha surgido una situación completamente nueva, y esta situación no sólo lo hace esperar, sino estar casi seguro, de que seguirá el conjunto ganador.

Por ejemplo, supongamos que está especulando en mercaderías. Tiene algunos futuros de jugo de naranja congelado. Ha llegado a su posición final. Siendo leal consigo mismo, está por vender y poner sus ganancias en el banco. Pero entonces se entera de que un periodo anormal de heladas ha destruido gran parte de la cosecha de cítricos de Florida. En circunstancias como ésa, sería prudente seguir en la carrera por lo menos un poco y ver qué sucede.

Sin embargo, situaciones semejantes son raras. La mayor parte de las veces, llegar a una posición final debe indicar sólo una cosa: se acabó.

Una excelente manera de reforzar el sentimiento de "final" es establecer algún tipo de recompensa para usted. Una medalla, si quiere. Prométase con anticipación que, si alcanza su meta establecida, tomará algo de sus ganancias y se comprará un automóvil o un abrigo nuevo, o cualquier cosa que lo haga feliz. O lleve a su pareja o a un amigo a una comida absurdamente costosa cara en el restaurante más lujoso de la ciudad.

Así, el final queda asociado a un hecho real, a algo concreto que esperar. Muchos especuladores emplean esta estrategia psicológica, aun cuando son veteranos en el juego. Frank Henry acostumbraba recompensarse con ostras y carne estilo americano, que le encantaban y que no eran fáciles de encontrar en su Suiza nativa. Jesse Livermore, quien a veces tenía gran dificultad para llevar sus especulaciones a un final, se recompensaba cuando ganaba comprando un nuevo ejemplar para su colección de jarros de afeitar antiguos. En el caso de Mary, la amiga de Gerald Loeb, generalmente se trataba de un vestido o de un traje nuevo.

Tales recompensas pueden parecer triviales cuando se las compara con las sumas de dinero involucradas —en el caso de Livermore, a veces eran cantidades de siete cifras—, pero lo relevante es el sentido de terminación que incluso una recompensa aparentemente tonta puede provocar. Si con usted funciona, atesórela.

Hay muchos consejeros en inversiones que fruncirían el ceño ante este procedimiento. Desde el siglo XVIII, y por razones que nadie ha podido explicar muy bien, ha existido una creencia muy difundida de que el dinero proveniente de inversiones debe ser considerado inviolable. Se supone que no lo va a gastar, en particular en algo tan frívolo como un plato de ostras o un abrigo nuevo. Hay una frase especial para designar a ese acto sacrílego. Se llama *invasión del capital* ¡Qué vergüenza!

Pero como le gustaba preguntar a Gerald Loeb: "¿Por qué te tomas todo este trabajo para ganar el dinero? ¿Para qué está? ¿Para mirarlo?" Loeb fue, posiblemente, el primer consejero que dijo públicamente, sin vergüenza evidente, que un inversionista/especulador debe gastar parte de sus ganancias. En realidad, Loeb llegó incluso a animarlo a uno a gastar una porción de las ganancias de cualquier año afortunado, hubiera llegado o no a una posición final.

El capital de inversión es dinero como cualquier otro, señalaba Loeb. No es necesario separarlo y marcarlo "no tocar". Por supuesto, hay toda clase de buenas razones para sentarse encima de él. Será su respaldo en la vejez, es un paracaídas para emergencias, es algo para dejarle a los hijos, le da esa reconfortante sensación de protección, etcétera. Todo eso es lindo. Pero también puede divertirse un poco con el dinero. Descremarlo un poco de vez en cuando, sobre todo en las posiciones finales, es una idea mejor de lo que por lo común se piensa.

Por esta razón, yo le aconsejaría que guardara su capital especulativo en alguna forma fácilmente accesible. Ello se consigue más fácilmente en algunos medios especulativos que en otros, por supuesto. Si su dinero está encerrado en una casa o en una colección de monedas raras, tendrá que permanecer encerrado hasta que usted encuentre un comprador. En los Estados Unidos, más y más bancos están ofreciendo acuerdos flexibles para tener acceso a los valores cuando se trata de riqueza no líquida de ese tipo. En efecto, un acuerdo así permite tener liquidez pidiendo prestado contra el valor a tasas de interés bajas.

En otros medios especulativos, resulta sencillo alcanzar el objetivo de tener fácil acceso, y se vuelve cada vez más fácil. Bancos y agentes de bolsa que manejan acciones, opciones, mercancías, divisas y metales preciosos han desarrollado en años recientes nuevos tipos de cuentas sumamente innovadores. Ahora conservo todo mi dinero correspondiente a acciones en una canasta de forma rara, llamada cuenta de administración de efectivo, diseñada por mi agente de bolsa, Merrill Lynch. Es una combinación de varias cosas: en parte es una cuenta común de margen, a través de la cual compro y vendo acciones en la forma tradicional, en parte es una cuenta de cheques, y en parte es una cuenta en una tarjeta de crédito Visa. Cuando se pagan los dividendos de las acciones que poseo, automáticamente el efectivo aterriza en esta cuenta híbrida. Si no uso el dinero, es recogido rápidamente en un fondo que da intereses. Cada vez que quiero una cantidad, todo lo que hago es escribir un cheque o hacer relampaguear mi tarjeta Visa. Los cheques y los cargos a la tarjeta son cobrados directamente de la cuenta. A eso es a lo que yo llamo acceso rápido.

Es un arreglo perfecto para celebrar las posiciones finales. Cuando llego a alcanzar una posición final, mi esposa y mi tarjeta Visa y yo nos vamos a Nueva York a pasar un fin de semana de pecaminoso lujo.

Estrategia especulativa

Ahora veamos qué le aconseja el segundo axioma que haga.

Dice: "Venda demasiado rápido". No espere que las alzas lleguen a su punto máximo. No espere que las rachas ganadoras sigan y sigan. No estire su suerte. Espere que las rachas ganadoras sean cortas. Cuando alcance una posición final que haya decidido previamente, cobre su efectivo y aléjese. Hágalo aunque todo parezca color de rosa, aunque se sienta optimista, aunque todos a su alrededor digan que el alza va a continuar.

La única razón para no hacerlo sería el surgimiento de alguna nueva situación, y que esta situación prácticamente le asegure que puede seguir ganando durante un tiempo.

Excepto en tales circunstancias insólitas, adquiera el hábito de vender demasiado pronto. Y cuando haya vendido, no se atormente si el conjunto ganador sigue sin usted. Con toda probabilidad, no va a durar mucho. Y si dura, consuélese pensando en todas las veces en que vender demasiado pronto defendió las ganancias que de otro modo hubiera perdido.

Tercer axioma mayor

Sobre la esperanza

Cuando el barco comienza a hundirse, no rece. Salte.

El segundo axioma explicaba qué hacer cuando las cosas van bien. El tercer axioma trata sobre cómo salvarse cuando van mal.

Y con toda seguridad van a ir mal. Puede confiar en eso. Puede esperar que aproximadamente la mitad de sus aventuras especulativas se echen a perder antes de que haya llegado a sus previstas posiciones finales. La mitad de sus suposiciones acerca del futuro estarán equivocadas. La mitad de los consejos que escuche serán malos.

La mitad de sus esperanzas están destinadas a no convertirse jamás en realidad.

Pero anímese. Eso no significa que deba perder un peso por cada peso que gane. Si esto fuera cierto, la aventura en su totalidad no tendría sentido. Ello es cierto sólo para los ineptos. Los jugadores y los especuladores con éxito manejan mejor las cosas. Avanzan constantemente; en gran medida, porque saben qué hacer, *y lo hacen sin dudar*, cuando la marea de los acontecimientos se vuelve en contra de ellos.

Saber cómo salir de una mala situación es quizá el más raro de todos los dones especulativos. Es raro porque es difícil de adquirir. Requiere valor y un tipo de honestidad tan filosa como una navaja. Es una habilidad que separa a los hombres y las mujeres de los niños y las niñas. Algunos dicen que es la más importante de todas las herramientas que hay en el equipo del jugador o del especulador.

Un hombre que estaría de acuerdo con esta afirmación es Martin Schwartz, un ex analista de valores que ahora dedica todo su tiempo a especular con futuros de productos. (Los que se dedican a esto de tiempo completo prefieren llamarlo "comerciar", pero nosotros nos apegamos a nuestra propia palabra.) En 1983, Schwartz aumentó el dinero que jugaba en un espectacular 175 por ciento. Eso lo convirtió en el ganador del Campeonato de Comercio de los Estados Unidos, un concurso anual patrocinado por un corredor de productos de Chicago, y también lo convirtió en un hombre mucho más rico. Cuando se le preguntó cómo alcanzaba tan buenos resultados, Schwartz se concentró instantáneamente en la única capacidad que sentía que era esencial. Le dijo al *New York Times*: "Le diré cómo me convertí en un ganador: Aprendí a perder".

Escuchará palabras casi idénticas en los casinos de juego. Cuando se le preguntó a Sherlock Feldman qué es lo que hace a un buen jugador de póker, contestó sin dudar: "Saber cuándo replegarse".

Un jugador amateur espera o ruega que las cartas caigan como él quiere, pero un profesional estudia cómo se va a salvar cuando salen en su contra. Probablemente ésta es la diferencia principal entre los dos. Eso ayuda a explicar por qué un profesional puede esperar ganarse la vida en la mesa de póker, mientras que un amateur (si juega contra profesionales) puede esperar que lo limpien cada vez que juega.

La incapacidad para saltar con rapidez de un barco que se hunde le ha costado tal vez más dinero a más especuladores que cualquier otra falla e, indudablemente, ha llevado a que se derramaran más litros de lágrimas que cualquier otro tipo de desgracia financiera. "Quedarse atascado en una empresa perdedora es el peor dolor monetario que hay", advierte Susan Garner, quien recientemente renunció a su trabajo en el Chase Manhattan Bank para dedicarse de tiempo completo a la especulación. Ahora tiene éxito, pero no siempre fue así. Le llevó tiempo aprender las técnicas; en particular, la de aprender a perder.

Ella recuerda que en una de sus aventuras iniciales pagó 2,000 dólares por un interés fraccionario en un pequeño edificio de oficinas suburbano. El edificio estaba situado en una comunidad algo adormilada que parecía a punto de despertar. Se programaba construir en la región una importante autopista federal-estatal, y la ruta planeada pasaba por el borde de la ciudad. A causa de la carretera proyectada y de otros factores económicos y geográficos, todos esperaban que la ciudad se convirtiera en un floreciente centro comercial. Cuando eso sucede en una comunidad, por supuesto, el valor de los bienes raíces sube con rapidez, incluyendo el precio del espacio para oficinas. La especulación de Susan Garner se veía prometedora.

Pero, como sucede con frecuencia, el futuro fue aplazado. El proyecto de la autopista se vio afectado por problemas de recursos. Una serie de anuncios habló de demoras más y más largas. Al principio, la palabra oficial fue que el proyecto se aplazaría cerca de un año. Luego, fueron dos o tres años, después cinco años. Por último un funcionario estatal tuvo la valentía de decir la verdad: honestamente, no sabía cuándo se construiría la carretera, si es que se construía.

Con cada anuncio sucesivo, se enfriaba la fiebre de especulación en bienes raíces. No había cotizaciones diarias del pedacito de edificio de Susan Garner, pero ella no necesitaba números exactos que le dijeran que se estaba empobreciendo. Pensó en vender.

Dice: "Había personas que hubieran comprado mi participación. Pero yo sabía que tenía que vender con pérdida, y no me podía resignar a hacerlo. Después del primer anuncio de una demora de un año en la carretera, traté de decirme que todo estaría bien si yo no hacía nada. Era un contratiempo temporal, eso es lo que yo seguía diciendo. Todo lo que tenía que hacer era esperar, y mi participación volvería a subir".

Luego, llegó el anuncio de una demora de dos o tres años. Uno de los que tenía una participación mayor en el edificio de oficinas, un abogado, se acercó entonces a Susan Garner y le ofreció 1,500 dólares por su parte. Ella no toleraba la idea de perder 500 dólares —una cuarta parte de su inversión— y le dijo que no. Él subió su oferta a 1,600. Ella siguió diciendo que no.

A medida que las demoras anunciadas se alargaban hasta el infinito, el precio cayó verticalmente. El abogado le ofreció 1,000. Un poco después bajó a 800 dólares.

Cuanto más bajo caía el precio, más se sentía atrapada Susan. "Ahora ni siquiera esperaba recuperar mis 2,000 dólares, —comenta—. Estaba enojada conmigo misma por no haber tomado los 1,500 cuando pude. Seguí esperando que la situación mejorara y justificara mi actitud. Cuanto más bajaba el precio, más terca me ponía. ¡Maldita si yo iba a vender mi participación de 2,000 en una porquería de 800 dólares!"

Mientras su dinero estaba atrapado en esta aventura que se agriaba, había otras especulaciones atractivas. Quería hacer una incursión en los muebles antiguos. Le gustaba el aspecto del mercado accionario. Un amigo quería vender, muy barato, un álbum que había heredado de sellos raros del siglo XIX, y esto también la atraía. Pero los 2,000 dólares que estaban atrapados era la mayor parte de su capital de especulación. Difícilmente podía hacer algo hasta que lo hubiera liberado.

"Finalmente, decidí que era ridículo dejar que el dinero se congelara así", dice. Vendió su participación en 750 dólares. Y así fue como Susan Garner aprendió la lección del tercer axioma: cuando el barco comienza a hundirse, salte.

Fíjese en la expresión: cuando *comienza* a hundirse. No espere hasta que esté sumergido hasta la mitad. No espere, no rece. No se tape los ojos y se quede ahí, temblando. Mire alrededor lo que está ocurriendo. Estudie la situación. Pregúntese si es probable que se arregle el problema que se está desarrollando. Busque evidencia confiable y tangible de que se está acercando una mejoría, y si no ve ninguna, póngase en acción sin demora. Calmada y deliberadamente, antes de que los demás comiencen a sentir pánico, salte del barco y sálvese.

Este consejo se puede traducir en números, en el caso de las acciones o de futuros de productos, que se negocian todos los días. La regla práctica de Gerald Loeb era que debe venderse en el momento en que el precio de una acción ha retrocedido del 10 al 15 por ciento del precio más alto que alcanzó mientras usted la tuvo, sin importar si entonces se gana o se pierde. Frank Henry se daba un poco más de margen y decía del 10 al 20 por ciento. Los especuladores más experimentados operan con reglas muy similares. En todos los casos, la idea es cortar rápidamente las pérdidas. Usted acepta las pérdidas pequeñas para protegerse de las grandes.

Para dar un ejemplo, supongamos que ha comprado algunas acciones a 100 dólares cada una. Inmediatamente la empresa se pone mal; el precio cae a 85. En este caso, el precio más alto al que usted tuvo la acción fue el precio al que la compró: 100 dólares. Está 15 por ciento por debajo de ese nivel, de manera que las reglas dicen que probablemente deba vender. En tanto no vea una buena evidencia de que se va a producir algún tipo de mejoría, sálgase.

O tomemos un caso más feliz. Compra la acción a 100 dólares, y salta a 120. Piensa que se va a enriquecer. ¡Oh maravilloso día! Pero luego un problema inesperado golpea la compañía, y la acción retrocede a 100. ¿Qué debe hacer? Ahora ya sabe la respuesta. En ausencia de razones convincentes para pensar que las cosas van a mejorar, venda.

Pero saber la respuesta es sólo la mitad de la batalla. Hay tres obstáculos en el camino de las personas cuando tratan de llevar a cabo el precepto del tercer axioma. Para algunos especuladores, los obstáculos son acobardantemente grandes. Debe prepararse psicológicamente para enfrentarlos. Los podrá superar si mantiene la calma.

El primer obstáculo es el temor a arrepentirse, que es, en esencia, el mismo temor que analizamos en el segundo axioma. En este caso, lo que usted teme es que un perdedor se convierta en un ganador después de que usted se haya alejado.

Sucede, y duele. Ha comprado algo de oro a 400 dólares la onza, digamos. Se desploma a 350. Al no ver ninguna buena razón para retenerlo, decide aceptar su pérdida del 12 por ciento y vende. Tan pronto como termina la transacción, estallan seis nuevas guerras, cuatro países sudamericanos suspenden el pago de su deuda internacional, los países de la OPEP duplican el precio del petróleo, se derrumban las bolsas de valores de todo el mundo, y cualquiera que tenga un peso disponible corre a protegerse comprando el metal amarillo. El precio se dispara a 800 dólares. ¡Ayyy!

Sí, duele. Probablemente le suceda tarde o temprano. No hay manera de evitarlo. Pero tales vuelcos de la fortuna no ocurren a menudo. Más frecuentemente, una situación que se pone mal continuará estando mal, por lo menos durante un tiempo. Los problemas que causan caídas significativas en el precio de los objetos de especulación (acciones, productos, bienes raíces) tienden a ser problemas de larga duración. Son lentos para desarrollarse y lentos para desvanecerse. La mayor parte de las veces la acción correcta consiste en liberarse cuando un precio muestra un retroceso apreciable.

Es cierto que hay algunas situaciones en la vida humana en las que parece más sensato esperar a que pasen los malos tiempos. Pero ello es una actitud rara vez sensata cuando su dinero está involucrado. Si permite que quede atascado en una mala empresa, pueden pasar años sin que lo pueda usar. Está encerrado cuando, en cambio, debería estar persiguiendo ganancias para usted en otras empresas, más animadas.

El segundo obstáculo para llevar a la práctica el tercer axioma es la necesidad de abandonar parte de una inversión. Para algunos es desproporcionadamente doloroso. Sin embargo, para consolarlo, le diré que se vuelve menos doloroso con la práctica.

Digamos que está especulando en divisas, y que ha puesto 5,000 dólares en una apuesta a la lira italiana. Se demuestra que su corazonada estuvo equivocada, los tipos de cambio se han vuelto en su contra, y el capital que puede recoger se ha encogido a 4,000 dólares. Tal vez deba vender en tanto no haya a la vista una promesa definida de mejoría. Pero si vende, abandona 1,000 dólares. Eso es lo que duele.

A algunas personas les duele tanto que no pueden hacerlo. El instinto del especulador común a corto plazo es quedarse quieto, esperando recuperar algún día esos 1,000 dólares. Si no domina ese instinto, usted seguirá siendo un especulador a corto plazo, o se convertirá en un especulador en quiebra. La forma de recuperar esos mil es sacar los 4,000 de la empresa que está mal y ponerlos en una que está mejor.

La incapacidad para abandonar parte de una inversión se vuelve un problema doblemente malo si usted especula sobre márgenes, o sea, si utiliza dinero prestado para aumentar su fuerza. Su situación especulativa entonces llega a parecerse al juego más exquisitamente angustioso del mundo, el póker.

Vale la pena explorar brevemente este parecido. En realidad, verá que es muy provechoso estudiar el juego del póker, si es que todavía no lo conoce. Participe en algunos juegos entre vecinos los viernes por la noche, u organícelos. El póker está diseñado para poner a prueba algunos elementos del carácter humano hasta sus propios límites. Tiene mucho que aprender del juego, sobre la especulación y sobre sí mismo.

Cuando especula sobre la base del efectivo, esto es, cuando no usa dinero prestado, la vida es relativamente simple. Digamos que compra algunas acciones. Paga en efectivo. No se le exige más que esa sola inversión. Si se hunde el precio de la acción y usted no se libera, porque no está dispuesto a abandonar el dinero que sea que haya perdido, no se le pide que haga nada. Todo lo que pasa es que usted se sienta y observa malhumoradamente cómo se encoge su riqueza. Nadie le pide que eche más dinero a la empresa.

Ahora, veamos el póker. En una mano de póker, debe seguir agregando a su inversión si quiere continuar en el juego. Digamos que intenta formar una escalera. Las probabilidades están en contra suya; la mano es, posiblemente, perdedora. Pero hasta el momento ha invertido un montón de dinero en el pozo y no puede decidirse a abandonarlo. En contra de su buen juicio (y de las enseñanzas del tercer axioma), prefiere seguir.

No obstante, ésta no es una especulación corriente basada en efectivo. Esto es póker. Si sigue, paga. Si quiere ver la siguiente carta, debe comprarla. El juego exige que invierta continuamente dinero nuevo para proteger el viejo.

La especulación con márgenes produce una angustia similar. Compra algunos valores, pidiendo prestado un cierto porcentaje del precio a su agente de bolsa. El porcentaje permitido lo determinan las decisiones del gobierno, las reglas del intercambio de valores y la política individual de los agentes de bolsa. Las acciones quedan como garantía del préstamo. Si el precio de las acciones baja, obviamente también cae su valor como garantía.

Ello hace que usted automáticamente esté violando las reglas sobre los porcentajes de margen. Entonces, recibirá la temida "llamada del margen", una comunicación amistosa, pero firme, en la que su agente le ofrece dos posibilidades entre las que es difícil elegir: o añade más dinero para cubrir la diferencia o él vende.

En esencia, está en la misma posición del jugador de póker. Si usted no está dispuesto a abandonar parte de su inversión, debe arrojar más dinero al pozo.

La disposición a abandonar es, por lo general, la respuesta más confiable. Si no siente o no puede cultivar en usted mismo esta disposición, le resultará difícil cualquier tipo de especulación, y la especulación con márgenes puede ser desastrosa.

El tercer obstáculo para ejecutar el tercer axioma es la dificultad de admitir que estaba equivocado. Las personas reaccionan ante este problema de manera absolutamente diferente. Algunos lo consideran una molestia menor. Para otros es el mayor de todos los obstáculos. Las mujeres tienden a superarlo más rápidamente que los hombres, las personas mayores más rápidamente que las más jóvenes. No tengo idea de por qué es así, y nadie la tiene, incluyendo a aquellos que dicen que sí. Dejémoslo así: es un gran obstáculo para muchos. Si siente que se le va a atravesar en el camino, debe explotarse a sí mismo y buscar formas de manejarlo. Usted hace una inversión, resulta mala, sabe que tiene que salirse. Pero, para hacerlo, debe admitir que cometió un error. Debe admitirlo ante su agente o banquero o quien sea con quien estuvo tratando, quizá ante su pareja y otros miembros de su familia, y, lo que a menudo es peor que todo, ante sí mismo. Tiene que pararse frente a un espejo, mirarse a los ojos y decir: "Estaba equivocado".

Para algunas personas, es extremadamente doloroso. El perdedor común trata de evitar el dolor y, en consecuencia, queda atrapado en malas empresas en forma repetida. Si compra algo cuyo precio comienza a bajar, se aferra a la esperanza de que los acontecimientos futuros van a justificar su opinión. Se dice a sí mismo: "Esta caída en el precio es sólo temporal", y quizá hasta lo cree. "¡Hice bien en meterme en esta especulación. Sería una tontería vender porque al principio tuve un poco de mala suerte. No haré nada. El tiempo demostrará lo inteligente que soy!"

De esa forma, protege su ego. Ha eludido la necesidad de decir que estaba equivocado. Puede seguir creyendo que es inteligente.

Sin embargo, su cuenta bancaria va a registrar la verdad. Dentro de algunos años, quizá, esa inversión que bajó de precio volverá al precio que él compró o tal vez hasta se vaya más arriba, y entonces se sentirá justificado. Se regocijará diciendo: "¡Tuve razón todo el tiempo!". Pero, ¿es cierto? Durante todos esos años, mientras estaba estancado, su dinero podría haber estado trabajando. Lo podría haber duplicado o más aún. En cambio, está parado más o menos donde estaba al comienzo de este desdichado episodio.

AXIOMA MENOR IV
Acepte animosamente las pérdidas pequeñas como un hecho de la vida. Espere tener varias mientras espera una gran ganancia

Idealmente, deberíamos recibir bien nuestras pequeñas pérdidas, pues nos protegen de las grandes pérdidas. No obstante, esto es pedir demasiado. ¿Recibir bien una pérdida? Nunca conocí a nadie que pudiera hacerlo o que lo hiciera. Pero, si no podemos hacerlo, por lo menos podemos aceptar con gracia esas pequeñas pérdidas.

Realmente proporcionan excelente protección. Si habitualmente usted corta sus pérdidas en las formas en que hemos analizado, no es probable que reciba heridas profundas. La única manera en que puede quedar atrapado en un derrumbe del mercado es que lo tome por sorpresa y que luego descubra que no puede vender cuando quiere hacerlo. Esto puede suceder en algunos mundos especulativos que no tienen liquidez inmediata, como los bienes raíces o las antigüedades, en los que debe protegerse por medio de un estudio cuidadoso y constante de las condiciones cambiantes del mercado. Es menos probable que quede accidentalmente atrapado en el caso de objetos que se comercian diariamente como las acciones o los productos a futuro, donde casi siempre va a encontrar a alguien que quiere comprar cualquier cosa que usted quiera vender.

Acostúmbrese a tener pequeñas pérdidas. Si una empresa no resulta, aléjese y haga la prueba con otra cosa. No se siente en un barco que se está hundiendo. No quede atrapado.

Un antiguo proverbio chino señala: "Todas las cosas llegan a aquél que espera". Si los antiguos chinos creían eso, no pueden haber sido muy buenos especuladores. Con seguridad, no debe creerlo, porque por lo menos en lo relacionado al mundo del dinero, es un perfecto disparate. Si usted espera a que mejoren las empresas que andan mal, está condenado a decepcionarse con frecuencia, y condenado, también, a permanecer no-rico.

La actitud más productiva, y que admito que no es fácil de alcanzar, es esperar pequeñas pérdidas, de la misma manera que espera cualquier otro hecho menos que agradable de la vida financiera. Por ejemplo, el modo en que espera los impuestos o la cuenta de la luz. Su vals anual con la oficina de impuestos no resulta divertido por ninguna definición, pero tal vez no permite que lo trastorne. Dice: "Bueno, está bien, es parte de ganarse la vida. Éste es su costo". Trate de pensar en las pequeñas pérdidas de la misma manera. Son parte del costo de la especulación. Le compran el derecho a tener la esperanza de obtener grandes ganancias.

Algunos especuladores se preparan con anticipación para estas pequeñas pérdidas por medio de órdenes de pérdida–detención. Una orden de pérdida–detención es una instrucción permanente a su agente: si la acción que usted ha comprado a 100 dólares cae en algún momento a 90, o a cualquier otro nivel que usted fije, el agente debe vender automáticamente.

Algunos consideran que las órdenes pérdida-detención son útiles, otros no. La principal ventaja es que una orden semejante le ahorra la agonía de decidir cuándo vender. Lo coloca en un marco de referencia en el que acepta la pérdida si llega a ocurrir. Usted piensa: "Está bien, voy a poner en esta aventura 10,000 dólares. A lo más que puede reducirse es a 9,000, menos las comisiones del agente". Ello es reconfortante. Con el tiempo, y con suerte, usted llega a pensar en los 9,000 dólares como si fueran la base. Si el corredor de bolsa debe vender, usted no siente que hubiera sufrido una pérdida significativa.

La desventaja es que una orden pérdida-detención le quita flexibilidad. Hay algunas situaciones en las que usted piensa que es sensato librarse de las acciones a 90 dólares, pero en otras quizá sea más sensato retenerlas hasta los 85. Con una orden pérdida-detención, usted tiende a dejar de pensar.

Estos servicios de pérdida-detención están disponibles sólo con ciertos valores que se comercian diariamente (acciones y productos), y muchos agentes ofrecen el servicio solamente a las cuentas que están por encima de determinada cantidad. Si usted especula en monedas raras o en antigüedades, sólo una persona en el mundo puede ayudarlo a soportar las pérdidas, y esa persona es usted.

Mi propia opinión es que para usted es mejor operar sin ningún mecanismo automático para soportar las pérdidas. Dependa, en cambio, de su propia capacidad para tomar decisiones difíciles y para llevarlas a cabo. Se sorprenderá por lo duro que puede llegar a ser con un poco de práctica, y esa será una compensación extra de la forma de vida del arriesgado.

Usted y su cuenta bancaria se pueden engrandecer en forma simultánea.

Estrategia especulativa

El tercer axioma indica que no espere a que aparezca un problema. Le dice que se aleje rápidamente.

No espere, no rece. La esperanza y la plegaria son buenas, sin duda, pero no son herramientas útiles en una operación especulativa.

Nadie pretende que sea fácil cumplir con la enseñanza de este axioma duro, nada sentimental. Hemos visto los tres obstáculos que entraña llevarlo a cabo: temor a arrepentirse, falta de disposición a abandonar parte de una inversión y dificultad para admitir una equivocación. Puede padecer uno o más de estos problemas, quizá gravemente. De un modo u otro, usted debe superarlos.

Los axiomas tratan sobre la especulación, no acerca de autoayuda psicológica y, por lo tanto, no contienen ningún consejo sobre cómo superar estos obstáculos. Ése es un proceso interno e individual; el *cómo* es probablemente diferente para cada uno de nosotros. El tercer axioma sólo señala que aprender a tener pérdidas es una técnica esencial de la especulación. El hecho de que la mayoría de los hombres y de las mujeres no puedan aprender la técnica es una de las razones fundamentales por la que la mayoría no son buenos especuladores ni jugadores.

Cuarto axioma mayor

SOBRE LOS PRONÓSTICOS

No se puede predecir la conducta humana.
Desconfíe de cualquiera que afirma que conoce el futuro, aunque sea confusamente.

Allá en 1969, cuando en los Estados Unidos el índice de Precios al Consumidor subió en un 5 por ciento aproximadamente, los principales economistas estuvieron de acuerdo en que la tasa de inflación aumentaría un poco a comienzos de la década de 1970, pero que luego iría disminuyendo en los años siguientes. No fue así. Se duplicó.

En 1979, cuando el índice saltó a un vertiginoso 11.5 por ciento, el consenso de los videntes fue que la tasa permanecería a niveles de dos dígitos hasta mediados de los 80. No fue así. En 1982, regresó a los niveles pacíficos de 1969.

Esto lo hace pensar a uno. ¿Por qué seguimos escuchando a los profetas económicos cuando está claro que no saben más acerca del futuro que usted o yo?

Sin duda, escuchamos porque el conocimiento del futuro es y siempre ha sido uno de los objetivos humanos más desesperadamente buscados. Si usted pudiera leer hoy los precios de las acciones de mañana, sería rico. Y, por lo tanto, escuchamos con respeto y esperanza cada vez que alguien se levanta y anuncia una visión de las cosas que vendrán.

Muy frecuentemente, escuchar resulta un error. Allá por el verano de 1929, el 23 de agosto, el *Wall Street Journal* le dijo a sus lectores que podían ganar mucho dinero en el mercado de valores. La bola de cristal especial del *Journal*, una técnica para observar el futuro llamada la Teoría Dow, revelaba que se había establecido "una importante tendencia alcista" en los precios de las acciones. "Las perspectivas para los meses de otoño parecen más brillantes que en ningún otro momento", gorjeaba alegremente el *Journal*. Un par de meses después, todo el mundo se fue al pozo.

En tiempos más recientes, el gurú del mercado de valores Joseph Granville determinó a comienzos de 1981 que los precios de las acciones estaban por desplomarse. "¡Vendan todo!", aconsejó a los miles de discípulos que se suscribieron a su servicio de asesoría. El esperado colapso no se produjo. El mercado osciló durante 1981. Granville se mantuvo bajista. El año siguiente, 1982, presenció el comienzo de un espectacular mercado alcista, uno de los mayores y más repentinos de que se tenga memoria. Las personas que se quedaron atrás en ese mercado llegaron a lamentarlo con sinceridad.

Granville no fue el único que no previó el mercado alcista o que predijo lo opuesto. El año 1983 fue particularmente desdichado para los oráculos financieros. Tomemos el caso de los administradores de dinero, los profesionales que manejan la "inversión" (o, como preferimos llamarla, especulación) para compañías de seguros, fondos de pensiones y cosas similares. En 1983, de acuerdo con una estimación del *New York Times*, tres quintos de estos videntes muy bien pagados estuvieron tan equivocados en sus estimaciones sobre el futuro que ganaron menos dinero que un especulador novato tomando decisiones de acuerdo con los datos que saca.

La medida más comúnmente usada para el comportamiento de la inversión es el índice Standard & Poor, formado por 500 acciones comunes. En 1983, este índice subió en 22 por ciento. Para decirlo de otro modo, si usted ganó ese año 22 por ciento sobre su cartera especulativa, hizo un trabajo promedio. Ese comportamiento le valdría una calificación de C. De acuerdo con la investigación del *Times*, al 60 por ciento de los administradores de dinero les fue *peor* que eso.

Por ejemplo, hubo un administrador, célebre alguna vez, que predijo que las tasas de interés bajarían en 1983, de manera que él invirtió mucho en bonos. Las tasas de interés subieron y, en consecuencia, se hundió el valor de todos esos bonos de renta fija. El mismo hombre pensó que subirían las acciones de las compañías farmacéuticas, pero bajaron. Pensó que los cambios proyectados en la industria telefónica serían una ventaja en particular para MCI, de modo que cargó las carteras de sus clientes con las acciones de esa compañía. Resultó un fracaso.

El hecho es que nadie tiene la menor idea de lo que va a pasar el próximo año, la próxima semana, ni siquiera mañana. Si tiene la esperanza de llegar a algo como especulador, debe abandonar el hábito de escuchar pronósticos. Es de la mayor importancia que nunca tome seriamente a los economistas, asesores y otros oráculos financieros.

Por supuesto, a veces tienen razón, y eso es lo que los hace peligrosos. Cada uno de ellos, después de estar en el negocio de la profecía durante algunos años, puede señalar orgullosamente algunas predicciones que resultaron ciertas. "¡Sorprendente!", dicen todos. Lo que nunca aparece en la publicidad del profeta es un recordatorio de todas las ocasiones que él o ella se equivocó.

El conocido economista doctor Theodore Levitt le dijo una vez a *Business Week*: "Es fácil ser profeta. Usted hace 25 predicciones y sólo habla de las que resultan ciertas". No muchos videntes son tan francos, pero privadamente todos estarían de acuerdo con la fórmula para el éxito del doctor Levitt. Economistas, asesores en inversiones, oráculos políticos y clarividentes, todos saben de memoria la regla básica: si no puede predecir correctamente, prediga con frecuencia.

Usted puede observar a los economistas obedecer asiduamente esta regla cada año. Cada junio o julio, los profetas máximos comienzan a emitir sus solemnes predicciones para el primer trimestre del año siguiente.

Por lo general, las predicciones están relacionadas con los números de los grandes índices: el PNB, la tasa de inflación, la tasa preferencial, etcétera. Puesto que, obviamente, ellos estudian cuidadosamente las predicciones de cada uno, a menudo tiende a presentarse una notable uniformidad en lo que prevén. Muchos especuladores basan sus decisiones en estas conjeturas y también lo hacen las corporaciones poderosas y el gobierno de los Estados Unidos.

Cada año, alrededor de septiembre, la escena económica se ve algo distinta, de modo que los economistas salen todos con pronósticos "revisados" sobre el primer trimestre próximo. Alrededor de noviembre, las cosas han cambiado todavía más, en consecuencia nos dan pronósticos re-revisados. En diciembre... bueno, ya tiene una idea. Cada oráculo ora para que por lo menos una de sus predicciones sea cierta. Las últimas es más probable que den en el blanco, puesto que están más cerca del periodo que se está pronosticando, pero ocasionalmente uno de los primeros pronósticos da en el blanco. El profeta entonces sacará ventaja del hecho: "¡Lo preví ya en julio!"

Cuidadosamente evitará mencionar que su pronóstico correcto fue supuestamente cancelado o reemplazado por predicciones revisadas y doblemente revisadas que él emitió después.

En cuanto a usted y yo, solitarios especuladores que tratan de ganar un peso, lo mejor es ignorar todo el baile. Si los pronósticos de junio van a ser reemplazados por los de septiembre, y habrá otros en noviembre y en diciembre, ¿por qué prestar atención en absoluto? Aceptar una profecía semejante es como comprar un boleto que se va a vencer antes de que se represente la obra.

No todos los oráculos han podido organizar el baile anual de revisión de pronósticos que hacen los economistas, pero todos siguen la regla básica. Todos pronostican con frecuencia y esperan que nadie examine los resultados demasiado cuidadosamente.

Siempre ha sido de ese modo. Michel de Nostredame, un oscuro doctor francés del siglo XVI, produjo cientos de profecías bajo la forma de enredados poemas de cuatro versos. Hoy se le conoce por la forma latina de su nombre, Nostradamus, y es reverenciado por un culto de creyentes. Se supone que ha predicho cosas tales como la guerra aérea y las radiocomunicaciones.

Bueno, quizá. Los versos están escritos en un lenguaje tan indirecto, tan místico, que puede interpretarlos para probar cualquier cosa que usted quiera probar. Esforzándome por ser caritativo con el antiguo vidente, una vez estudié un centenar de sus pronósticos y terminé con el siguiente resumen estadístico: tres pronósticos eran correctos, 18 eran incorrectos, y los restantes 79 eran un galimatías tan denso que simplemente no supe qué intentaba decir el viejo francés.

No es un récord muy impresionante. Y, sin embargo, Nostradamus se las arregló para darse a conocer en el mundo de la profecía, y a cualquier oráculo moderno le encantaría igualar su renombre.

Por lo regular, nostradamus no tenía razón, pero, sin duda, profetizó con frecuencia.

O tomemos a una moderna observadora del futuro, la autopublicitada psíquica Jeane Dixon. Tiene fama por algunas conjeturas que resultaron ciertas, principalmente una: una predicción acerca del asesinato del presidente Kennedy. Sorprendente, ¿verdad? Seguro, pero lo que no se difunde igualmente es una lista de sus conjeturas equivocadas. De acuerdo con Ruth Montgomery, la biógrafa y discípula de la señora Dixon, la renombrada clarividente predijo que Rusia y China se unirían bajo un solo gobierno, que el jefe del CIO (Comité de Organizaciones Industriales), Walter Reuther, sería candidato a la presidencia de los Estados Unidos, que surgiría una cura para el cáncer de la investigación comenzada a principios del siglo XX, que...

Bueno, ya entiende. El Comité para la Investigación Científica de las Afirmaciones de los Paranormales, un grupo erudito cuya base está en la Universidad del Estado de Nueva York, en Buffalo, estudió el historial de Jeane Dixon y descubrió que no era mejor que el de un hombre o una mujer común que hiciera conjeturas.

Es fácil sentirse aturdido por un profeta de éxito, porque hay una atracción hipnótica en la supuesta capacidad para ver el futuro. Esto es especialmente cierto en el mundo del dinero. Un vidente que disfruta de unos años de conjeturas correctas atraerá a una multitud de seguidores, a tantos que, en algunos casos, las profecías del vidente se cumplirán a sí mismas.

Tal fue el caso de Joseph Granville, el oráculo de la bolsa de valores. A comienzos de la década de 1980, tanta gente basaba sus decisiones en los pronósticos de Granville, que cuando él decía que iba a suceder algo, ocurría porque ellos creían que así sería. Es decir, cuando dijo que el mercado bajaría, la predicción ahuyentó a los compradores del mercado, y claro, éste bajó.

Esto sucedió a comienzos de 1981, cuando Granville le aconsejó a sus discípulos que vendieran todo. El día siguiente a que lanzara su famosa advertencia, el mercado de valores se cayó de la cama: 23 puntos del Dow. Todo Wall Street dijo *oh* y *ah*. ¡Qué gran profeta era este Granville! La zambullida fue corta, pero impresionante mientras duró. Si entonces hubiera sido un estudiante de los axiomas de Zurich, a usted le podría haber parecido que aquí había una excepción a la enseñanza del cuarto axioma. Aunque la mayoría de los profetas no valen dos centavos, ¿no sería una buena idea poner el dinero de uno de acuerdo con un vidente como Granville? Si sus profecías se cumplen a sí mismas, ¿no estaría usted casi seguro de ganar al hacer lo que él recomienda?

No. Ni siquiera las profecías que se cumplen a sí mismas lo hacen en forma confiable. Posteriormente, en 1981, Granville lanzó otra prueba de su poder profético. Su bola de cristal le dijo que ese lunes 28 de septiembre el mercado se sumergiría nuevamente. Lo anunció al mundo. Algunos especuladores vendieron acciones o compraron opciones fijas. Ellos, como Granville, estaban convencidos de que se acercaba la baja.

En cambio, la Bolsa de Valores de Nueva York registró ese día uno de los avances en los precios más grandes de su historia, y un día después pasó lo mismo en las bolsas de Europa y de Japón. Algunos de los seguidores de Granville estaban desconcertados, pero no era preciso que lo estuvieran. Simplemente se les había demostrado que Granville es como todos los demás: gana algunas y pierde otras.

Todos los profetas tienen razón algunas veces y están equivocados algunas veces (esto último con más frecuencia), pero usted no puede saber con anticipación qué pasará. Para estar en posición de saberlo, tendría que hacer predicciones sobre las predicciones del profeta. Si usted fuera tan bueno para predecir, no necesitaría al profeta. Puesto que no es tan bueno para hacerlo, no puede depender de nada de lo que diga el vidente. De manera que es mejor que se olvide del ejercicio completamente infructuoso de tratar de echar una mirada al futuro.

Veamos otro ejemplo. En 1970 un editor financiero, columnista y oráculo, llamado Donald I. Rogers, publicó un libro titulado *Cómo derrotar a la inflación haciendo uso de ella.* Este libro fue notable por contener el consejo magníficamente equivocado de que uno no debía comprar oro. Sin embargo, podemos perdonarle a Rogers ese pronóstico fracasado. El oro era un punto ciego común en las bolas de cristal de la época. Lo que es más interesante es la lista de acciones comunes que el profeta pensaba que se iban a comportar bien en los años siguientes.

Rogers razonó que la tierra sería un buen escudo contra la inflación. Por lo tanto, pensó, sería una buena idea comprar acciones de compañías que poseían mucha tierra. Hizo una lista de acciones a comprar sobre esta base.

Desde entonces, algunas de sus recomendaciones resultaron muy buenas. Warner Communications, por ejemplo. Si usted hubiera comprado esta acción en 1970, podría haberla vendido con una excelente ganancia en varias ocasiones hasta que la compañía tuvo problemas a mediados de 1983. Otras recomendaciones que están en la lista de Rogers, como ITT, resultaron pésimas.

La pregunta es: si usted hubiera leído el manual de supervivencia de Rogers en 1970 y hubiera aceptado algunos de sus pronósticos, ¿cómo le hubiera ido?

Bueno, hubiera dependido de su suerte. Si hubiera escogido de su lista a los ganadores, usted hubiera ganado, y si hubiera escogido a los perdedores, hubiera perdido. Todo el tiempo la suerte tuvo el control del resultado. Si eso fue así, uno puede preguntar qué sentido tenía escuchar al profeta, en primer lugar.

Parece injusto ridiculizar a Rogers y a otros oráculos sobre la base de mirar hacia atrás. Después de todo, es fácil sentarse aquí, hoy, y decir cuál era y cuál no era una buena especulación en los 70. Quizá se podría disculpar a un profeta si me desafiara: "Veamos, Gunther, ¿qué le da el derecho de catalogar todas nuestras conjeturas como equivocadas? ¿Lo hubiera hecho mejor? ¿Es usted un profeta tan bueno?"

Ah, una buena pregunta. No, no soy un profeta, y ésa es precisamente la cuestión. Nunca hice un intento serio de leer el futuro (aunque, por supuesto, siempre me estoy preguntando acerca de él), nunca he dicho que yo podía leer el futuro y, sin duda, ya he empleado varias páginas diciendo que no se puede. Pero las personas que hemos estado criticando aquí son hombres y mujeres que afirman que *pueden* ver hacia adelante. Se han establecido a sí mismos como oráculos, aceptan dinero por sus pronósticos, y están conscientes, o deberían estarlo, de que hay personas que toman importantes decisiones sobre la base de lo que ellos dicen. Por lo tanto, parece ser perfectamente adecuado considerar que estos profetas son responsables por lo que predicen. Si están vendiendo un servicio de predicción, tenemos derecho a someter ese servicio a un examen crítico y descubrir cuán bueno es.

La conclusión es que no es muy bueno. No puede obtener ganancias escuchando a un profeta.

Hay cosas que se pueden predecir. Por ejemplo, sabemos precisamente cuándo va a levantar el sol cada mañana. Las tablas de mareas se preparan con meses de anticipación. El calendario que me regala el banco cada mes de enero dice cuáles serán las fases de la luna durante los siguientes doce meses. Los pronósticos meteorológicos son menos precisos, pero, aun así, son razonablemente confiables y cada vez lo son más.

La razón por la cual tales cosas se pueden predecir, y por la que se puede confiar en las predicciones es que son acontecimientos físicos. Pero los axiomas de Zurich tratan acerca del mundo del dinero, y ése es un mundo de acontecimientos humanos. Los eventos humanos no se pueden predecir por ningún método ni por nadie.

Una de las trampas en las que caen los profetas del mundo del dinero es que olvidan que están tratando con la conducta humana. Hablan como si las cosas como la tasa de inflación o las alzas y las bajas del Dow fueran acontecimientos físicos de alguna especie. Al ver un fenómeno semejante como si fuera un hecho físico, se comprende que un oráculo sucumba a la ilusión de que se podrá someter a los pronósticos. Por supuesto, la realidad es que todos los fenómenos del dinero son manifestaciones de la conducta humana.

Por ejemplo, el mercado accionario es una colosal maquinaria de emoción humana. Los precios de las acciones suben y bajan a causa de lo que hombres y mujeres están haciendo, pensando y sintiendo. El precio de las acciones de determinada compañía no se eleva a causa de números abstractos en un libro mayor de contabilidad, ni siquiera porque las perspectivas futuras de la compañía son objetivamente buenas, sino porque las personas *piensan* que las perspectivas son buenas. El mercado no se desploma porque una computadora en alguna parte determine que está aumentando la presión para vender, sino porque las personas están preocupadas, o desanimadas, o temerosas. O simplemente porque se acerca un fin de semana de cuatro días y todos los compradores se han ido a la playa.

Pasa lo mismo con todos esos grandes números e índices con los que a los economistas les encanta jugar: el PNB, la tasa de inflación. Todos son los resultados de la interacción humana, de hombres y mujeres luchando incansablemente en la eterna batalla por la supervivencia y por la mejoría personal. Y sucede lo mismo con los resultados finales de esos fenómenos-índices fermentando juntos: recesiones y recuperaciones y *booms*, buenas épocas y malas. Todas están causadas por la gente.

Y, por lo mismo, todas son completamente impredecibles.

Simplemente, hay demasiadas variables involucradas que no se pueden conocer como para que sea posible hacer pronósticos confiables de algo como la tasa de inflación. Ésta tiene por causa a millones de personas que toman billones de decisiones: trabajadores sobre los salarios que quieren que les paguen, patrones sobre los salarios que están dispuestos a pagar, consumidores acerca de precios que absorberán, todos acerca de sensaciones indefinidas de estrechez o de prosperidad, de temor o de seguridad, de descontento o de optimismo. Afirmar que usted puede hacer pronósticos confiables sobre esta apabullante complejidad parece arrogante hasta el extremo de ser ridículo.

Como advierte el axioma, la conducta humana no se puede predecir. Puesto que todos los pronósticos en el mundo del dinero acerca de la conducta humana, no debe tomar en serio a ninguno de ellos.

Tomarlos seriamente puede llevarlo a muchos valles oscuros y tristes. Probablemente el mercado de valores ofrece algunos de los ejemplos más claros. Para tomar uno al azar, consideremos el pronóstico hecho en 1983 por Value Line lnvestment Survey (Estudio de la Inversión de Value Line) sobre la Compañía de Computadoras Apple.

Value Line vende un servicio oracular regular en el que periódicamente clasifica las acciones según lo que llama "comportamiento" durante los siguientes doce meses. En otras palabras, mira el futuro de cada acción y dice lo que piensa que va a ocurrir con su precio en el próximo año.

Debe decirse que el historial de Value Line en los años más recientes ha sido bastante bueno. Sin embargo, estamos frente al mismo problema que discutimos en relación con Donald I. Rogers y su lista de acciones a comprar en 1970. Si usted fuera suscriptor de Value Line y aceptara sus pronósticos como el evangelio, su destino financiero personal dependería de que tuviera la suficiente suerte como para actuar de acuerdo con las profecías buenas mientras pasa por alto las malas.

Y por cierto que ha habido algunas malas. Una de las más espectacularmente malas fue la profecía sobre Computadoras Apple.

El 1 de julio de 1983 Value Line publicó una lista de "Acciones seleccionadas por su comportamiento". Una compañía que figuraba en esta lista de la élite era Apple. Sus acciones se negociaban en ese entonces en la cercanía de los 55 dólares.

Unos pocos meses después, habían bajado a 17 1/4.

Por supuesto, la causa de la debacle fueron acontecimientos que Value Line no podía prever en julio. Un oráculo siempre puede gritar "acontecimientos imprevisibles" para explicar un pronóstico que resulta equivocado. Pero, precisamente, ése es el problema. Todos los pronósticos tienen la posibilidad de que ocurran acontecimientos imprevisibles. Ningún pronóstico acerca de la conducta humana podrá componerse jamás de un 100 por ciento de acontecimientos previsibles. Cada predicción es arriesgada. No puede confiarse en ninguna.

Muchos de aquellos que compraron Apple en julio de 1983 deben haber vendido antes de que tocara fondo. Algunos, actuando de acuerdo con el tercer axioma, deben haber saltado del barco sólo con pérdidas pequeñas. Pero hay situaciones en que el rápido abandono no es posible. Si usted no es cauteloso, un mal pronóstico puede dejarlo atrapado en una propuesta perdedora durante años.

Por ejemplo, tome en consideración a todas esas pobres personas que compraron certificados de depósito a largo plazo en los bancos, a principios y hasta mediados de los 70. Como señalamos antes, los economistas habían predicho que las tasas de interés subirían a comienzos de esa década y luego se nivelarían o desaparecerían. La primera parte de la predicción resultó cierta. Las tasas aumentaron. Los bancos comenzaron a ofrecer certificados de depósito a cuatro y seis años con tasas de interés inauditas del 7 y del 8 por ciento.

Para ganar esas enormes tasas —enormes tal como se las veía desde el punto de vista de comienzos de 1970—, se le exigía, por supuesto, que se despidiera de su dinero por el número de años establecido. No podía retirarlo excepto por un acuerdo especial y bajo pena de un castigo riguroso. ¿Cómo lograron los banqueros que la gente encerrara de esa forma su dinero? Los banqueros lo consiguieron reiterando la predicción de los economistas.

"Miren, ¡van a ganar el 7 por ciento!", le diría un banquero a una pareja que era un posible depositante, parada allí con los ahorros de su vida entre sus manos temblorosas. "¿Dónde oyeron hablar de una tasa como ésa antes? ¿Pueden imaginar recibir más? ¡Nunca sucederá! Lo que ustedes quieren hacer es amarrarla mientras pueden conseguirla. Todos los principales economistas dicen que las tasas bajarán el año próximo o el siguiente, y nuestra propia gente está de acuerdo. ¡Atrapen ese 7 por ciento y estarán muy bien!"

Sonaba magníficamente. Hasta que la predicción resultó equivocada.

Las tasas subieron a niveles que nadie había soñado antes. Hacia el final de la década, los bancos ofrecían certificados de depósitos a seis meses con una tasa desorbitante que iba del 10 al 11 por ciento. Estos certificados a seis meses de alto rendimiento eran muy populares. Un montón de gente los querían. Incluyendo a muchos cuyo dinero estaba cumpliendo una sentencia de seis años al 7 por ciento.

Estrategia especulativa

El cuarto axioma le dice que no construya su programa especulativo sobre la base de los pronósticos, porque éstos no funcionan. No haga caso de ningún tipo de pronósticos. En el mundo del dinero, que es un mundo formado por la conducta humana, nadie tiene la más ligera noción de lo que pasará en el futuro. Subraye esa palabra: *Nadie*.

Por supuesto, todos nos preguntamos qué va a pasar, y todos nos preocupamos por eso. Pero tratar de escapar de esa preocupación apoyándose en predicciones es una fórmula para ser pobre. El especulador de éxito no basa ningún movimiento en lo que supuestamente va a pasar, sino que reacciona, en cambio, a lo que está pasando.

Diseñe su programa especulativo sobre la base de reacciones rápidas ante acontecimientos que usted puede ver realmente que se están desarrollando en el presente. Naturalmente, al seleccionar una inversión y comprometer dinero en ella, usted abriga la esperanza de que su futuro será brillante. Presumiblemente, la esperanza se basa en un estudio serio y en pensar mucho. Su propio acto de comprometer dinero en la empresa es un cierto tipo de predicción. Usted está diciendo: "Tengo razones para esperar que esto tenga éxito". Pero no permita que se fije en un pronunciamiento oracular: "Está destinado a tener éxito porque las tasas de interés bajarán". Nunca, nunca pierda de vista la posibilidad de haber hecho una mala apuesta.

Si la especulación tiene éxito y se encuentra ascendiendo hacia una posición final planeada, perfecto, siga con ella. Si se arruina a pesar de todo lo que han prometido los profetas, recuerde el tercer axioma. Sálgase.

Quinto axioma mayor

SOBRE LOS PATRONES

El caos no es peligroso hasta que comienza a parecer ordenado.

Irving Fisher, un distinguido profesor de economía de Yale, hizo un montón de dinero en la Bolsa de Valores. Impresionada por su combinación de impecables credenciales académicas y su inteligencia práctica para invertir, la gente iba en tropel a pedirle un consejo. "Los precios de las acciones han llegado a lo que parece ser una meseta permanentemente alta", anunció en septiembre de 1929, precisamente antes de ser barrido por el peor derrumbe en la historia de Wall Street.

Esto sirve para demostrarle que, en el minuto en que piense que ve un diseño ordenado en los asuntos de los hombres y las mujeres, incluyendo sus asuntos financieros, usted está en peligro.

Fisher creía que había vencido al mercado porque era inteligente, cuando lo que realmente había sucedido era que había tenido suerte. Estimó que veía patrones en medio del caos. Al creer eso, pensó que sería posible desarrollar fórmulas y estrategias para la explotación provechosa de esos patrones, y más aún, asumió que él había en realidad desarrollado tales fórmulas y estrategias.

¡Pobre viejo Fisher! El destino le permitió cabalgar alto durante un momento para que cayera desde más arriba. Durante pocos años, su ilusión de orden parecía justificada por los hechos. "¡Vean!", diría. "Es como yo determiné. El mercado de valores se comporta precisamente en la forma en que yo había calculado que lo haría".

Y entonces, ¡paf! Se abrió el piso. Aferrado a su ilusión de orden, Fisher no estaba preparado para que terminara su racha de buena suerte. Él y un montón de equivocados inversionistas se fueron dando tumbos por el desagüe.

La trampa que atrapó al profesor Fisher, la ilusión de un orden, ha atrapado a millones y seguirá atrapando a inversionistas, especuladores y jugadores por toda la eternidad. Espera al confiado no sólo alrededor de Wall Street sino en galerías de arte, oficinas de bienes raíces, casinos de juego, remates de antigüedades; donde quiera que se apuesta y se pierde dinero. Es una ilusión completamente comprensible. Después de todo, ¿qué hay que sea más ordenado que el dinero? No importa lo desordenado que esté el mundo, cuatro cuartos siempre suman un dólar. El dinero parece frío, racional, susceptible de análisis y manipulación razonados. Si quiere enriquecerse, pareciera que sólo debe encontrar un enfoque racional y sensato. Una fórmula.

Todo el mundo está buscando esta fórmula. Desgraciadamente, no existe.

La verdad es que el mundo del dinero es el de un desorden sin patrones, de completo caos. De tiempo en tiempo parece que surgen patrones, tal como aparecen en un cielo nublado o en la espuma que hay al borde del océano. Pero son efímeros. No son una base firme sobre la cual fundamentar los planes de uno. Son atractivos y siempre engañan a gente inteligente como el profesor Fisher. Pero el especulador realmente inteligente los reconoce tal como son y, por lo tanto, no les prestará atención.

Ésa es la lección del quinto axioma. Quizá es el más importante de todos. Es el axioma emperador. Una vez que usted lo haya asimilado, será un especulador/inversionista más inteligente que el profesor Fisher con todos sus vastos logros académicos. Una vez que lo haga suyo, este único axioma, por sí mismo, lo elevará por encima del rebaño común de esperanzados torpes y perdedores.

Algunas de las mayores ilusiones de orden surgen en el mundo del arte. Éste es un mundo en el que se puede hacer mucho dinero con asombrosa rapidez. El truco está en fijarse en artistas baratos antes de que se pongan de moda. Como Louise Moillon, una pintora francesa del siglo XVII. Recientemente una mujer compró un Mollion en un remate rural en 1,500 dólares. En el curso de un año, Moillon se puso de moda, y la misma pintura se vendió en Nueva York en 120,000 dólares.

Ésa sería una linda aventura. Daría un alentador empujón al balance de uno. Pero, ¿cómo puede entrar en acción? ¿Cómo puede decir cuándo un artista oscuro va a atraer ese tipo de atención?

Bueno, hay expertos que afirman que conocen muy bien el arte. Ven patrones que nadie más ve. Tienen fórmulas. Pueden reconocer el gran arte mientras todavía nadie lo hace y es barato. Pueden ir a un remate rural donde todos los demás andan tropezando en la oscuridad y decir: "¡Uh! ¡Mira eso! ¡Llegará a las seis cifras el año próximo en Nueva York!" De manera que su mejor apuesta es consultar a un montón de esos expertos, ¿verdad?

Seguro. El Fondo Soberano de Arte Norteamericano se fundó sobre esa base. Era, esencialmente, un fondo mutual. Se proponía hacer ricos a sus accionistas comprando y vendiendo obras de arte. Estas compras y ventas las harían expertos, profesionales inteligentes cuyo superior juicio crítico los ayudaría a identificar tendencias nacientes y futuros Moillons antes de que el resto del mundo comprador de arte olfateara algo.

Una encantadora ilusión de orden. Atrajo a inversionistas grandes y pequeños: el fondo vendió una oferta pública inicial a 6 dólares la acción.

Lo que nadie parece haber pensado es que, en cualquier juego tan difícil como el del arte, un grupo de profesionales puede tener mala suerte con tanta facilidad como un rebaño de torpes novatos. El fondo soberano compró obras maestras que se veían prometedoras al principio, y unos pocos meses después de la oferta inicial las acciones se negociaban a más de 30 dólares. Algunos de los especuladores iniciales hicieron algún dinero, por lo menos. Pero luego descendió el pesimismo sobre el fondo. Las obras maestras adquiridas resultaron ser menos atractivas de lo que se había supuesto. Los artistas oscuros se oscurecieron más. Una pintura costosa fue sospechosa de ser falsa. El valor de las acciones se hundió vertiginosamente. Unos dos años después de que el fondo hubiera iniciado sus actividades, el precio a que se negociaban era de 75 centavos de dólar.

Los fondos mutuales de Wall Street cuentan la misma historia. Ilustran con desnuda claridad lo inútil que es buscar patrones en medio del caos, y al final, cuán peligroso, en particular para el inversionista promedio a corto plazo.

Consideremos la promesa aparentemente ilimitada de los fondos mutuales. Estos grandes conglomerados de dinero del público están manejados por profesionales de primera magnitud. Los logros educativos de estos hombres y mujeres son deslumbrantes, así como sus salarios. Pelotones de asistentes se ocupan de lo que necesitan. Tienen a su disposición enormes bibliotecas de hechos y teorías financieros. En sus meditaciones, participan computadoras y otros aparatos caros. Sin duda, son los teóricos en inversiones mejor educados, mejor pagados y mejor equipados del mundo.

De esta manera, si fuera posible distinguir patrones útiles en medio del desorden y desarrollar una fórmula que funcionara para jugar en el mercado, uno podría suponer que estas personas serían capaces de hacerlo. Lo que es más, deberían haberlo hecho hace tiempo.

Hasta ahora, sin embargo, la fórmula los ha esquivado.

La triste realidad es que los fondos mutuales son iguales a los demás especuladores: ganan algunas veces y pierden algunas otras. Esto es lo más que se puede decir sobre ellos. Toda esa energía mental de alta tensión y todo ese dinero y todas esas computadoras nunca han podido hacerlos más inteligentes o darles más éxito que a un especulador solitario con dolor de cabeza y una calculadora de bolsillo de 12.98 dólares. Claro está que algunas veces los fondos mutuales, como grupo, se las arreglan para que les vaya peor que al promedio. En alguna ocasión, la revista *Forbes* elaboró la gráfica del comportamiento de los precios de las acciones de los fondos en algunos mercados bajistas y descubrió que nueve de cada diez caían tan rápido, o más, que las acciones como un todo.

No obstante, los administradores de los fondos continúan buscando empecinadamente esa fórmula mágica. Buscan porque les pagan para ello, y también (en muchos casos o en la mayoría de ellos), porque verdaderamente creen que hay una fórmula en alguna parte, ¡si sólo son lo bastante listos para detectara!

Por supuesto, usted y yo sabemos que la razón por la que no pueden encontrar la fórmula es que no hay ninguna.

Oh, claro está, usted puede ganar dinero invirtiendo en un fondo mutual, si tiene la suerte suficiente como para elegir el fondo correcto en el momento correcto. De donde resulta que comprar participaciones en los fondos es tan arriesgado como comprar acciones individuales, u obras de arte, o cualquiera que sea el juego elegido por usted.

Algunos administradores de fondos tendrán más suerte que otros el próximo año. A algunos les irá muy bien. El precio de sus acciones aumentará más rápido (o disminuirá más lentamente) que el promedio. Pero la pregunta es: *¿cuáles*?

De manera que, como ve, estamos de nuevo donde comenzamos. Si quiere especular en fondos mutuales, sólo está tratando con la misma clase de caos que encontraría si especulara directamente en acciones, arte, mercancías, divisas, metales preciosos, bienes raíces, antigüedades o manos de póker. Las reglas del juego serán las mismas para usted, ya sea que esté en fondos mutuales o en cualquier otra cosa. *Particularmente* con los fondos, no se arrulle hasta pensar que hay orden donde no existe alguno. Conserve su ingenio y el axioma junto a usted.

Y manténgalos cerca de usted cada vez que lea o escuche consejos sobre inversiones. La mayoría de los asesores tiene algún tipo de orden ilusorio para vender, porque eso es lo que venden.

Una ilusión semejante es reconfortante y parece llena de promesas. Los inversionistas a corto plazo que se han quemado o que sienten que han perdido oportunidades debido a la ignorancia o al temor (¿y quién no?) irán en tropel a consultar a un asesor que ofrece lo que parece un enfoque verosímil y ordenado para hacer dinero. Pero usted debe mirar a todos los asesores financieros con escepticismo, y cuanto más fríos y "bancarios" parezcan, tanto más debe desconfiarles.

Cuanto más frío y "bancario" es un hombre, tanto más difícilmente admitirá que trabaja con el caos, que nunca ha sido capaz de ordenarlo, que no tiene esperanza de ordenarlo, y que debe tomar sus riesgos como cualquier otro.

Alfred Malabre, Jr., es un especulador que aprendió bien su lección. Malabre, un editor de *Wall Street Journal*, buscó ayuda para sus inversiones cuando lo enviaron a una larga misión a ultramar. Quería que alguien astuto y prudente cuidara su cartera de inversiones mientras él estuviera lejos. No era una cartera muy grande, pero naturalmente quería protegerla. En caso de que el mercado se desplomara o que pasara algo mientras estaba ausente, quería que alguien estuviera allí para vender o hacer lo que le pareciera necesario.

De manera que miró a su alrededor. Tal como narra la historia en su libro *Invertir con ganancia en los ochentas*, su mirada cayó sobre el First National City Bank de Nueva York, conocido como el Citibank. Como la mayoría de los bancos, el Citibank ofrecía un servicio de administración de carteras. Si usted tenía un montoncito de capital y no quería jugar con él por sí mismo (o no podía hacerlo temporalmente, como en el caso de Malabre), se lo entregaba a los banqueros y ellos jugarían en su lugar. Por supuesto, había que pagar una cuota.

Bueno, está bien, piensa Malabre. Esto suena como una buena solución para mi problema. Aquí está Citibank, uno de los diez o quince bancos más grandes sobre la faz de la Tierra. Lo que estos tipos no sepan sobre el dinero probablemente ni valga la pena saberlo. ¿Cómo puedo equivocarme entregándoles a ellos mi montoncito? ¿A dónde más voy a encontrar custodios financieros más dignos de confianza, más prudentes, más astutos? Seguramente no van a perder mi dinero mientras estoy lejos, y quién sabe, ¡quizá hasta me gane un fajo de billetes!

Esto fue lo que pensó Malabre.

Sufría una ilusión perfectamente comprensible de orden. ¿Qué podría ser más ordenado que un gigantesco banco de Nueva York? Un especulador solitario sin vigilancia podría hacer malos manejos y embrollar una cartera, pero no un banco. Un banco tenía que tener fórmulas encerradas en sus bóvedas. Un banco siempre sabría qué hacer.

Tal como resultó, los banqueros estuvieron a punto de arruinar a Malabre. Le compraron un paquete de acciones ordinarias de Productos de Avón a 119 dólares cada una. Dos años después, se negociaban a menos de 20 dólares. Lo cargaron con Sears Roebuck a 110 dólares y vieron cómo bajaba a 41.50. Lo metieron en IBM a poco menos de 400 dólares, y se desinfló a 151. Solamente tomando acciones de emergencia por su propia cuenta pudo Malabre evitar el desastre financiero.

Lo que duele, enseña. Malabre no olvidará pronto la lección que aprendió en el Citibank. Pero usted puede aprender la misma lección sin que le duela. La lección es que tiene que ser cauteloso con cualquier asesor que, al mirar a su alrededor en la escena de la inversión, diga que ve algo que no sea el caos. Cuanto más ordenada le parezca al consejero, tanta menos confianza merece este hombre o esta mujer de su parte.

Cuando usted pone su confianza en una ilusión de orden, se arrulla para tener un sueño peligroso. No hay ningún axioma de Zurich que le diga específicamente que se quede despierto, pero la necesidad de hacerlo está implícita en todos los axiomas. No se permita cabecear. Podría despertarse y ver que su dinero se está yendo por el desagüe.

Si quiere pasar una tarde instructiva y entretenida observando cómo se construyen las ilusiones de orden, vaya a una biblioteca cercana y vea algunos de los libros sobre cómo-hacerse-rico. Hasta una biblioteca pequeña tendrá, probablemente, un estante o dos de ellos. Encontrará representada una amplia variedad de tipos de inversión, incluyendo, quizá, algunas que le atraen personalmente. Cómo hacerse rico con bienes raíces. Cómo sacarse el premio gordo con monedas raras. Grandes éxitos en el negocio filatélico. Acciones, bonos, oro y plata.... la lista sigue y sigue.

Fíjese en una característica de estos libros: la mayoría de ellos fueron escritos por hombres y mujeres que proclaman que se enriquecieron con los planes dados. "Cómo engordé con los jamones" es el título clásico.

Esos consejeros, ¿dicen la verdad? Bueno, sí; la verdad tal como ellos la interpretan.

No hay razón para ser innecesariamente cínico al respecto. Podemos suponer que nos están dando un relato honesto en casi todos los casos: el consejero hizo el plan y llevó un fajo de billetes al banco. Sin embargo, no estamos obligados a permitirnos sucumbir a la ilusión de orden del autor.

Él cree que se hizo rico porque encontró una fórmula ganadora. Sabemos que no es así. Se hizo rico porque tuvo suerte.

Cualquier plan a medio cocinar para hacer dinero va a funcionar cuando usted tiene suerte. Ningún plan funcionará cuando no la tiene. Algunos asesores reconocen el papel dominante de la suerte, igual que los axiomas de Zurich. Los axiomas no sólo lo admiten, sino que están construidos sobre el supuesto básico de que la suerte es el factor individual más poderoso en el éxito o el fracaso en la especulación.

No obstante, la mayoría de los consejeros ignoran la suerte, o pretenden que no existe, o hablan de ella tan rápidamente como sea posible. Como los banqueros del Citibank, como los administradores del Fondo Soberano de Arte Norteamericano, su negocio es vender un bálsamo calmante: un enfoque ordenado, una sensación de controlar las cosas. Toma mi mano, niño, no tengas miedo, conozco el camino. Así es como le hice. Simplemente sigue estas sencillas instrucciones paso a paso...

Bueno, puede seguirlas si quiere, quizá para condenarse. Porque una fórmula que dio resultado el año pasado no necesariamente va a dar resultado este año, con un conjunto diferente de circunstancias financieras hirviendo en la olla. Y una fórmula que le dio resultado a su vecino no necesariamente le va a dar resultado a usted, teniendo que enfrentarse con un conjunto distinto de eventos fortuitos.

El hecho es que no se puede confiar en ninguna fórmula que ignore el papel predominante de la suerte. Ésta es la gran verdad, la verdad liberadora del quinto axioma.

El papel de la suerte queda ilustrado no sólo por el hecho de que un consejero determinado puede estar espectacularmente equivocado, sino por el hecho igualmente significativo de que con frecuencia usted observará que dos sabios puedan dar consejos opuestos. Por ejemplo, aquí en el estante tenemos *Cómo Wall Street duplica mi dinero cada tres años*, por Lewis Owen, y *La teoría de la inversión baja-alta*, por Samuel C. Greenfleld.

Owen indica que usted debe comprar acciones cuyos precios están cerca de haber tenido o que han tenido doce meses altos. Su ilusión de orden es que algún tipo de "momentum" o ímpetu, como él lo llama, tenderá a hacer que el movimiento del precio continúe. De este modo, una acción al alza seguirá subiendo.

Greenfield asegura que usted debe comprar acciones cuyos precios están cerca de haber tenido o que han tenido doce meses bajos. Su ilusión de orden es que los precios oscilan en una forma muy predecible. De este modo, una acción que se acerca a su punto bajo pronto subirá.

Ambos sabios no pueden estar en lo correcto. En realidad, ninguno de los dos tiene razón.

La verdad es que el precio de una acción, o de cualquier otra cosa que usted compra con la esperanza de sacar una ganancia, aumentará si usted tiene suerte.

AXIOMA MENOR V
Cuidado con la trampa del historiador

La trampa del historiador es una clase particular de ilusión de orden. Está basada en la creencia antigua, pero enteramente injustificada, de que la historia se repite. Las personas que tienen esta creencia —lo que es decir quizá 99 de cada 100 personas que hay sobre la Tierra— creen como corolario que la repetición ordenada de la historia permite pronosticar con exactitud en ciertas situaciones.

De esta manera, supongamos que, en algún momento del pasado, el acontecimiento A fue seguido por el acontecimiento B. Han pasado un par de años, y ahora aquí estamos presenciando nuevamente el acontecimiento A. "¡Ah! —declara casi todo el mundo—. Está por suceder el acontecimiento B".

No caiga en esta trampa. Es cierto que la historia a veces se repite, pero con mayor frecuencia no es así y, en cualquier caso, nunca se repite en una forma suficientemente confiable como para que usted pueda apostar dinero prudentemente.

Las consecuencias de la trampa del historiador son generalmente triviales. "Cada vez que están al frente al final de la tercera entrada, ganan el juego". "Cada vez que nos encontramos para tomar una copa, ella tiene una crisis en la oficina y aparece tarde". "Nadie ha perdido jamás la primaria de New Hampshire y ha ganado la presidencia". Las personas siempre se están dejando engañar por tales expectativas no confiables, lo cual puede ser tonto, pero no realmente peligroso. Mas cuando su dinero está involucrado, la trampa del historiador es peligrosa porque puede arruinarlo.

La trampa es omnipresente en el negocio de la consejería financiera. Uno podría pensar que la mayoría de los consejeros ha aprendido a evitarla después de observar, una y otra vez, que los acontecimientos rara vez suceden en la forma en que se espera que lo hagan. Pero no; la ilusión de orden, o quizá la necesidad de creer en el orden, es demasiado fuerte.

Hay escuelas enteras de pensamiento en Wall Street que se basan en falacias fundamentales surgidas de la trampa del historiador. Los analistas de valores y bonos regresarán a la última vez que hubo un mercado alcista para una cierta acción o grupo de acciones y colectarán grandes canastas de hechos sobre todo lo que estaba pasando en aquella época. Observarán que el PNB estaba creciendo, las tasas de interés estaban disminuyendo, la industria siderúrgica tenía un buen año, el negocio de los seguros estaba deprimido, los Medias Blancas estaban en el sótano y Matilda, la tía del presidente, estaba resfriada. Luego, esperarán a que vuelva a producirse la misma configuración de circunstancias. ¡Eh, oh! —gritarán cuando aparezca la portentosa constelación—. ¡Miren! ¡Todo está en su lugar! ¡Se acerca un nuevo mercado alcista!"

Quizá sí, pero quizá no.

Frank Henry conoció a una joven que cayó de cabeza en la trampa del historiador y casi perece allí. Trabajaba para la Corporación de Bancos Suizos. Tenía un empleo inferior, mal pagado, y cuando heredó un poco de capital a la muerte de su padre, resolvió invertir el dinero y elevarse por encima de las filas de los que no son pobres ni ricos. Frank Henry admiraba su ánimo, cobró por ella un interés de abuelo y le dio consejos cuando ella se los pidió.

La atraía el comercio de divisas, habiéndole aprendido primero en su trabajo en el banco. Éste es un juego muy arriesgado, pero, cuando usted gana, la recompensa es igualmente grande. La base del juego es la forma fluida en que las diversas monedas del mundo fluctúan en valor una contra otra.

Para jugar, usted compra, digamos, una suma de yenes japoneses, pagando en dólares. Usted espera que aumente el valor del yen frente al dólar. Si es así, alegremente se descarga de sus yenes por más dólares de los que pagó. Como los valores monetarios son volátiles y como su comercialización por lo general se hace sobre la base de un fuerte "margen" (lo que significa que usted pone solamente una cantidad relativamente pequeña de su propio efectivo, tomando prestado el resto de un comisionista), su ventaja es grande. Usted puede duplicar su dinero o, por el contrario, perder sus dientes financieros, de la noche a la mañana.

La mayoría de los especuladores en monedas a corto plazo juegan con unas pocas divisas, con frecuencia con sólo dos. Ése era el enfoque de la joven. Sentía que tenía una buena comprensión del juego entre el dólar estadounidense y la lira italiana. Frank Henry aplaudió su decisión de jugar un solo juego por vez —que no es una mala decisión para cualquier especulador principiante—, pero se preocupó cuando comenzó a ver que ella estaba cayendo en la trampa del historiador.

Un día, ella le dijo que había hecho un profundo estudio histórico de las alzas y las bajas del dólar y de la lira en relación recíproca. Un estudio semejante puede ser útil en cualquier situación en que se haga una inversión, en tanto usted use el estudio sin hacer la suposición subyacente de que la historia se va a repetir. Desgraciadamente, la joven hizo precisamente esa suposición.

Le dijo a Frank Henry que, de acuerdo con sus estudios, la lira siempre había subido frente al dólar cuando subía el franco suizo, cuando las relaciones americano–soviéticas eran frías, y cuando varios otros indicadores encajaban en su lugar en la economía y la diplomacia internacionales. Se proponía esperar hasta que los indicadores dieran la señal histórica, y entonces se sumergiría en el juego.

Cuando eso sucedía, los axiomas de Zurich no habían sido formulados completamente, de manera que Frank Henry no tenía una etiqueta conveniente como “la trampa del historiador” con la cual identificar lo que él sentía que estaba mal en el razonamiento de la joven. Hizo todo lo que pudo para disuadiría, pero ella estaba demasiado entusiasmada como para escuchar. Esto pasa casi siempre con los descubridores de nuevas fórmulas para hacer dinero. “Ella pensaba que había descubierto una especie de llave mágica”, decía Frank Henry con tristeza. “Le pregunté por qué miles de otras personas inteligentes nunca la habían descubierto durante años de búsqueda, pero ella no sabía y no le importaba. Estaba tan entusiasmada que cuando un joven la llevó a cenar a un lugar italiano una noche, ella se pasó la mitad del tiempo hablándole al capitán de meseros sobre tipos de cambio”.

Finalmente, los indicadores internacionales dijeron: “¡Fuera!” y allá fue. Se convirtió en la propietaria de un montón de liras. Que rápidamente comenzaron a perder valor frente al dólar.

“¡Vende!”, la apremió Frank Henry cuando la joven había perdido 15 por ciento de su dinero. Pero su ilusión de orden era demasiado fuerte. Pensó que todo lo que tenía que hacer era esperar y quedaría demostrado que su fórmula era correcta. La fórmula siempre había sido correcta en el pasado. ¡No podía estar mal ahora! ¡Era el mercado el que estaba mal!

Pero estaba mirando el mundo cabeza abajo. Las fórmulas pueden estar mal, los mercados, nunca. El mercado hace lo que hace. No hace predicciones ni ofrece promesas. Sólo es. Discutir con él es como estar parado en una ventisca aullando que se suponía que no iba a llegar hasta mañana.

La joven discutió y discutió. El mercado internacional de divisas se negó a cooperar. Frank Henry nunca supo cuánto dinero perdió porque sintió que sería descortés preguntar. Pero, en el momento en que ella vendió sus liras, seguramente la habían limpiado.

AXIOMA MENOR VI
Cuidado con la ilusión gráfica

Representar números por medio de líneas sobre un papel puede ser útil o peligroso. Es útil cuando lo ayuda a visualizar algo con mayor claridad de la que podría alcanzar con los puros números. Es peligroso cuando hace que la cosa representada se vea más sólida y portentosa de lo que en realidad es.

La ilusión gráfica es, a menudo, una extensión gráfica de La trampa del historiador. La ejemplifican bien los graficadores de Wall Street. Éstos son personas con su propia jerga, que difícilmente entiende alguien más, con sus propias revistas y boletines, con los que pasa lo mismo, y su propia ilusión de orden rígidamente visualizada. Creen que el precio futuro de una acción —o de una divisa, un metal precioso, o de cualquier cosa sobre la que se publican datos frecuentes sobre sus precios de mercado— puede determinarse graficando los movimientos de los precios en el pasado.

El graficador comienza por poner su atención sobre un determinado medio de inversión, digamos acciones, Computadoras Hoo Boy. Repasa meses o años de registros que muestran las alzas y las bajas en el precio en que se negoció Hoo Boy, y traduce estos números a puntos y rayas sobre papel de gráfica. Estudia los esquemas que resultan. Busca en particular los sacudones y meneos que se produjeron precisamente antes de que las acciones Hoo Boy aumentaran significativamente de precio o bajaran abruptamente. Cree que estos patrones se repetirán. La próxima vez que vea un conjunto similar de sacudones y meneos, sacará como conclusión que se acerca una nueva alza o baja de precio y adoptará la correcta acción especulativa.

Cuando las cosas no resultan como él espera (lo que sucede con frecuencia), humildemente se culpará a sí mismo. Insiste en que el problema es que no ha sido suficientemente astuto. Él *sabe* que se puede predecir el mercado por medio de gráficas, pero si sólo pudiera descubrir cuáles son los patrones que tiene que buscar...

No puede hacerse creer a sí mismo la más simple de todas las explicaciones posibles: que el mercado de valores no tiene patrones. Casi nunca se repite a sí mismo y nunca lo hace en una forma confiablemente predecible. Hacer gráficas de los precios de las acciones es como hacer gráficas de la espuma del océano. Usted verá cada patrón una vez y luego desaparecerá. Sólo por la ciega casualidad podrá verlo de nuevo. Y si lo ve otra vez, esto no tendrá ningún significado, porque no predice nada.

Otro elemento de la ilusión gráfica surge de la forma peculiar en que una línea negra continua, dibujada con firmeza sobre papel cuadriculado, puede hacer que un montón de números sin interés, y esencialmente desordenados, parezcan una tendencia importante. Desde hace siglos, los buhoneros y los artistas timadores de todo el mundo han sido conscientes de este poder de la gráfica. Los vendedores de fondos mutuales la usan todo el tiempo.

El valor de las acciones de un fondo quizá haya ido subiendo tan lentamente que ni siquiera se mantuvo a la par con la inflación, pero comprimiendo y apretando los años en una página de gráficas, y quizá saltando algunos años malos que preferirían no discutir, los promotores del fondo pueden producir una gráfica que es un encanto para el folleto de ventas. Usted mira esa línea negra ascendente y dice: "¡Guau!"

El peligro no es sólo que pueda ser engañado por otros, sino que puede engañarse a sí mismo. Por ejemplo, mira una gráfica que describe el valor de la lira frente al dólar en los últimos años. La línea sube suavemente. Usted piensa: "¡Guau! ¡Quizá deba subirme a bordo!"

Pero espere. No se hipnotice con la línea sola. Mire los números que se supone que ella representa. Quizá sólo describe los puntos anuales más altos de la lira. Otra gráfica que muestre los puntos anuales más bajos tal vez tenga una curva hacia abajo. En otras palabras, la relación lira-dólar ha estado marcada por vaivenes cada vez más amplios. El cambio tranquilo, constante, que implica la línea tendida hacia arriba es una ilusión. La verdad es que la relación es cada vez más desordenada.

Es así como las personas se permiten engañarse a sí mismas por medio de gráficas. Una línea en una gráfica tiene siempre un aspecto reconfortantemente ordenado, aun cuando describa el caos.

La vida nunca ocurre siguiendo una línea recta. Cualquier adulto lo sabe. Pero al contemplar una gráfica podemos quedarnos demasiado fácilmente hipnotizados y olvidarlo.

Usted observa una gráfica que representa las ganancias de la Corporación Electrónica Hey Wow. La gráfica, preparada especialmente para el informe anual de Hey Wow, describe una gloria absoluta en cuatro colores deliciosos. Esa línea que se tiende hacia arriba, tan gruesa, tan sólida, tan completamente establecida, se ve como si nunca fuera a acabar. Nada la puede quebrar. Puede doblarse, pero sólo ligeramente. ¡Se ve como si fuera a subir y subir para siempre!

Pero no apueste a ella.

AXIOMA MENOR VII
Cuidado con las ilusiones de correlación y causalidad

Existe una vieja historia sobre un tipo que se para todos los días en una esquina, agitando los brazos y lanzando extraños gritos. Un día se le acerca un policía y le pregunta de qué se trata. "Estoy espantando a las jirafas", explica el tipo. "Pero nunca hemos tenido jirafas por aquí", dice el policía. "Estoy haciendo un buen trabajo, ¿verdad?", añade el tipo.

Es característico hasta de las mentes más racionales percibir relaciones de causa y efecto donde no hay ninguna. Cuando tenemos que hacerlo, las inventamos.

La mente humana es un órgano que busca el orden. Se siente incómoda con el caos y se va a apartar de la realidad hacia la fantasía si ésa es la única forma de que las cosas salgan a su satisfacción. De este modo, cuando dos o más hechos ocurren en cercana proximidad, insistimos en construir complicados lazos causales entre ellos porque eso nos hace sentir cómodos.

También, nos puede hacer vulnerables, pero, a menudo no pensamos en eso hasta que es demasiado tarde.

Le daré un ejemplo personal. Hace muchos años, antes de que Frank Henry y yo hubiéramos hablado mucho sobre los axiomas de Zurich, gané un poco de dinero saltando de un lado a otro entre las acciones de IBM y de Honeywell. En aquellos días, Honeywell estaba muy dedicada a construir computadoras grandes, de uso general, y era un competidor directo de IBM en una escala mucho mayor de lo que es hoy. Durante un periodo de más o menos 18 meses, noté que los precios de las dos acciones se movían con frecuencia en direcciones opuestas. Cuando Honeywell subía durante unas semanas, IBM bajaba, o viceversa. Puse un poco de dinero en lo que yo pensaba que era una jugada muy inteligente: subir un trecho con Honeywell, saltar, comprar IBM a precio bajo, subir con ella... etcétera.

Funcionó tolerablemente bien un par de veces. Debí haberme dado cuenta de que estaba funcionando sólo porque yo tenía suerte, pero, en aquellos días, yo no era tan inteligente. Pensé que estaba funcionando porque... porque... bueno, construí una relación causal para encajar el fenómeno que había estado presenciando.

Teoricé que había un montón de grandes inversionistas —fondos mutuales, compañías de seguros y ricos apostadores privados— que trasladaban periódicamente enormes montañas de dinero de IBM a Honeywell, y de regreso. Cuando Honeywell anunciaba un producto nuevo atractivo o hacía algún otro buen movimiento, todos esos hipotéticos gatos gordos vendían las acciones de IBM para cargarse con las de Honeywell y viceversa. Esta hipótesis prefabricada, si fuera cierta, explicaría los movimientos opuestos de los precios de las dos acciones.

¿Era cierta? Seguramente no. Sin duda, la verdad era que los movimientos de precios aparentemente ordenados habían tenido como causa hechos que habían coincidido por mera casualidad. Esos hechos se producían al azar y eran impredecibles. El hecho de que aquellos movimientos opuestos de precios hubieran ocurrido algunas veces en el pasado no era indicación, y nunca debió haber sido tomada como una indicación, de que se repetirían en el futuro. Pero mi relación causal prefabricada hizo que todo pareciera más ordenado de lo que era y yo confiadamente aposté demasiado dinero.

Compré un montón de Honeywell en lo que yo pensaba que era un punto bajo. De inmediato, Honeywell e IBM, ambas, se hundieron juntas como un par de patos con las colas para arriba.

Antes de que yo comprendiera lo que estaba ocurriendo y abandonara mi ilusión de orden, había perdido alrededor de 25 por ciento de mi inversión.

A menos de que pueda ver realmente una causa en acción, realmente *verla*, mire todas las hipótesis causales con el mayor escepticismo. Cuando observe eventos que se producen juntos o en sucesión, suponga que la proximidad es resultado de factores casuales, a menos que tenga una fuerte evidencia de lo contrario. Siempre recuerde que está tratando con el caos, y conduzca sus asuntos de acuerdo con eso. Como dice el axioma, el caos no es peligroso hasta que comienza a parecer ordenado.

Como hay tanta gente en el mundo del dinero que está buscando tan desesperadamente patrones de un cierto orden, los lugares como Wall Street generan corrientes constantes de ideas sobre los posibles lazos causales entre esto y aquello. Algunos de estos lazos postulados parecen verosímiles para muchos; otros, solamente para unos pocos. Pero todos tienen alguna clase de atractivo para ese órgano amante del orden, la mente humana, y cada uno de ellos quizá le ha provocado problemas a alguien.

Por ejemplo, un conjunto de relaciones percibidas (de las que algunos se ríen, y que otros toman en serio) está relacionado con un fenómeno conocido como el "duende del primer año republicano". Desde las primeras décadas de este siglo, el mercado de valores siempre se ha deprimido el primer año de cada periodo de un presidente republicano (primero o segundo periodo). Sucedió una vez con Herbert Hoover, dos con Dwlght Eisenhower, dos con Richard Nixon, y una vez con Ronald Reagan (en el momento de escribir esto). Incluso, ocurrió en los primeros doce meses del periodo irregular de tres años de Gerald Ford.

La primera pregunta es: ¿por qué? Y la segunda pregunta es: ¿qué debe hacer un inversionista al respecto, si es que debe hacer algo?

La respuesta más probable para la primera pregunta es que el fenómeno ha sido causado por eventos producidos al azar que no tienen nada que ver con el partido político del nuevo presidente. Las correlaciones causales con los movimientos del mercado están a un peso la docena, y ésta es una de ellas. Es como el presagio del Súper Tazón, el hecho peculiar, observado a menudo en Wall Street, de que el mercado sube invariablemente en cualquier año cuando el juego de enero del Súper Tazón lo gana un equipo cuyos orígenes se remontan a la vieja Liga Nacional de Futbol. Es muy divertido comentar el presagio del Súper Tazón, pero nadie piensa seriamente que existe una relación causal entre el juego de futbol y la bolsa de valores. La correlación existe, eso es todo. Y lo mismo pasa con el duende del primer año republicano.

Y en cuanto a la segunda pregunta —qué hacer en relación con el duende— la respuesta correcta es, nada.

Pero hay inversionistas que insisten en sacar algún orden de esto. Su teoría es que el hecho de que el presidente sea republicano causa la baja del mercado durante el primer año que está en su cargo. ¿Cómo la causa? Bueno, usted puede elegir su hipótesis. Una idea es que el partido republicano, que se autotitula como el partido de la prosperidad en los negocios, aumenta las expectativas financieras de la gente a niveles irrealistamente altos. Cuando no se hacen ricos instantáneamente el día de asunción del mando, se disgustan, y la reacción de su desilusión empantana al mercado accionario.

Ésa es una teoría. Hay otras. No es necesario que perdamos nuestro tiempo en ellas, porque ninguna se puede tomar en serio. Todas son ejemplos de la forma en que la gente prefabrica lazos causales fantasmales para explicar los fenómenos observados. Y todas son ejemplos de la manera en que un lazo causal, una vez inventado y aceptado, puede hacer que un fenómeno se vea más ordenado de lo que probablemente es.

Lo que puede ser peligroso, como hemos visto. Si usted cree que el hecho de que el presidente sea republicano hace que decline el mercado de valores, entonces percibe una serie ordenada de eventos y quizá se sienta presionado para actuar de acuerdo con ellos. Llegará a ser como el profesor Fisher, que veía patrones donde realmente no los había.

Quizá el duende republicano seguirá operando igual en el futuro, y quizá no. Comenzó por casualidad y un día terminará por casualidad. No se pueden hacer predicciones sobre él en un sentido o el otro. Es, en realidad, solamente otra parte del caos.

Cuídese de imaginar causas cuando no puede observarlas actuando en la realidad y se evitará muchas desazones. Diviértase con el juego del Súper Tazón, pero si gana el equipo equivocado, consulte a su cantinero, no a su agente de bolsa.

AXIOMA MENOR VIII
Cuidado con la falacia del jugador

Dice el jugador: "¡Hoy estoy en forma!" Dice el comprador de boletos de lotería: "¡Hoy es mi día de suerte!" Ambos se están creando un estado de euforia expectante en el que arriesgarán dinero con menos prudencia de lo habitual. Es probable que ambos lo lamenten.

La falacia del jugador es una variedad peculiar de la ilusión del orden. En este caso, el orden que se percibe no está en el mundo caótico que nos rodea, sino adentro, en el yo. Cuando usted dice que está en "forma", o tiene la sensación de que hoy es su día de suerte, lo que quiere decir es que usted está temporalmente en un estado en el que eventos fortuitos se verán influidos en favor suyo. En un mundo desordenado, con hechos girando precipitadamente alrededor en todas direcciones, usted es una serena isla de orden. En sus cercanías, los eventos dejarán de hacer payasadas y marcharán obedientemente de acuerdo con su música. Las ruedas de ruleta y las máquinas tragamonedas se ajustarán en su lugar para usted. Las cartas saldrán tal como usted lo quiere. Los caballos correrán con toda el alma para usted.

Cualquier boleto de lotería que compre será ganador. Si decidiera jugar en el mercado de valores y seleccionara una inversión apuntando con un cuchillo en un periódico teniendo los ojos vendados, sus acciones duplicarían el precio la próxima semana. ¡No puede perder!

Ni hablar que no puede.

Es sorprendente cuántas personas inteligentes se burlan a sí mismas con la falacia del jugador. Aparece en cualquier parte en que se apuesta dinero, pero es particularmente común en los casinos de juego (de ahí su nombre). Uno de los consejos inútiles escuchados con más frecuencia en Las Vegas y en Atlantic City es que usted debe "probar" su suerte cada noche antes de hacer cualquier apuesta seria. Es más, algunos textos sobre el juego, prácticos en otros aspectos, solemnemente sugieren lo mismo. La idea es que ponga unas pocas apuestas pequeñas al principio —que eche un par de dólares en la máquina tragamonedas, por ejemplo— para ver cómo está su suerte. Si la máquina se traga su oferta sin ni siquiera decir gracias, se da cuenta que las cartas del destino están en su contra esa noche, de manera que es preferible que regrese a su cuarto de hotel y vea la televisión. Pero si la máquina le devuelve su oferta con interés, entonces usted está listo para las grandes mesas de dados o para la ruleta.

Todo tipo de personas creen en esta ilusión de orden. Lo creen los ricos con gruesos rollos de billetes y los que tienen centavos. Los ricos que llegan a los casinos con pieles y en Ferraris creen en ella, y lo mismo aquellos que escasamente podrán pagar un boleto de autobús para regresar a casa si pierden. Puede ser que todos nosotros creamos en ella en algún momento de nuestra vida.

Como muchas de estas ilusiones, la falacia del jugador tiene un gran atractivo. *Parece* cierta. A su manera desorbitado, tiene un sonido racional. Todos pueden recordar episodios de su propia experiencia que parecen apoyarla. Si juega bridge, póker o Turista con alguna regularidad, está profundamente consciente de que hay algunas noches en que las cartas o los dados son tan buenos que hasta resulta embarazoso, y luego hay otras noches en que desearía haberse quedado en casa con un buen libro. Hay noches en que está en forma y noches en que no.

Y el fenómeno no se limita a la mesa de juego sino que se extiende a todas las actividades de su vida. Hay días en que todas sus decisiones resultan brillantemente correctas, todo el mundo le sonríe, llegan por correo cheques inesperados, y su rival en la oficina decide irse a buscar fortuna en Australia. Y hay otros días en que todo lo que toca se torna polvo y ceniza.

Qué natural es ver algún tipo de mecanismo que pone orden detrás de todo eso.

La ilusión se refuerza por las historias que a los jugadores les encanta contar: sorprendentes historias de estados en "buena forma" y rachas de suerte invencible. Usted oye esas historias alrededor de cada casino y de cada puesto de venta de boletos de lotería. Algunas son famosas sólo localmente, pero algunas son clásicos internacionales.

Por ejemplo, está la increíble historia de Charles Wells, quien fue inmortalizado por una canción popular de los Alegres Noventas, "El hombre que quebró la banca de Montecarlo". Wells realizó este acto legendario no una sino tres veces, en diferentes noches, en 1891.

"Quebrar la banca" no era tan drástico como sonaba. No significaba que usted hubiera hecho quebrar al casino. Todo lo que quería decir era que usted agotaba la provisión de dinero para jugar que la casa adjudicaba a una mesa. Aun así, sucedía tan raramente que fue noticia de primera plana cuando alguien logró hacerlo aunque fuera una vez. (El casino cooperaba alegremente con la publicidad, cubriendo la mesa "quebrada" con un paño negro. Se podía contar con que la noticia atraería a un montón de nuevos tontos y a su dinero la noche siguiente.)

El juego de Wells era la ruleta. La última de sus tres noches victoriosas fue la más asombrosa de todas. Esa noche eligió jugar a números simples. Esto es, lo que menos probabilidades tiene en la ruleta. Usted elige cualquier número entre el 1 y el 36 y pone su dinero en él. Si gana, el resultado es de 36 dólares por cada dólar que apuesta. En la rueda de estilo antiguo de Montecarlo, las probabilidades en su contra eran de 37 a 1.

Wells puso su dinero en el 5 y lo dejó ahí para que madurara. El número 5 salió cinco veces seguidas. La mesa quebró. Wells salió del casino con algo más de 100,000 francos franceses, cuyo poder adquisitivo en aquellos días era el de más de un millón de dólares de hoy.

También estuvo Carolina ("La Bella") Otero, quizá la más famosa y algunos dicen que la más hermosa de las célebres cortesanas que florecían alrededor de Montecarlo en sus días de gloria. A los 18 años, la llevó al fabuloso lugar de juego un hombre que evidentemente era tanto un jugador inepto como un canalla. Perdió su fajo de billetes en las mesas y la abandonó. Ella tenía dos últimos luises —piezas de 20 francos, quizá cada una valdría 100 dólares en moneda de hoy—. En un impulso desesperado, fue a la mesa de ruleta y apostó aquellos dos luises al rojo.

La apuesta a color —rojo o negro— es una de las apuestas a la ruleta para salir a la par, a cara o cruz. Si usted gana, duplica su dinero. Carolina Otero estaba demasiado asustada como para ver el resultado, de modo que se alejó de la mesa, dejando simplemente su dinero para que aumentara o para que desapareciera, según el caso. El rojo salió veintiocho veces seguidas. La banca quebró, y la muchacha abandonada, repentinamente rica, se transformó instantáneamente en la reconocida reina de Montecarlo.

Las historias como ésa son muy divertidas. Éstas y otras eran citadas en el siglo XIX y todavía se las cita hoy en apoyo de la falacia del jugador. "¡Ya ve que hay momentos en que la gente está en forma!", dirá un creyente. "Estas historias lo prueban, todo lo que tiene que hacer es esperar a estar en forma, y entonces, juegue como loco."

No prueban nada de eso. En realidad, todo lo que prueban es que se producen rachas ganadoras.

Eche al aire una moneda suficientes veces, y tarde o temprano tendrá una larga serie de caras. Pero no hay ningún orden en esta serie. No puede saber con anticipación cuándo va a comenzar. Y cuando ha iniciado, no puede saber durante cuánto tiempo va a continuar.

Y lo mismo ocurre con la ruleta, los caballos, el mercado del arte o con cualquier otro juego en el que usted arriesga dinero. Si juega durante el tiempo suficiente, disfrutará de rachas ganadoras, quizá algunas de ellas memorables, con las que indudablemente aburrirá a sus amigos por el resto de su vida. Pero no hay una forma ordenada en la que usted pueda ganar con estas rachas. No puede ver cuándo se acercan, y no puede predecir su duración. Son sólo otra parte del caos.

Si en la ruleta está apostando al rojo y el rojo sale tres veces seguidas, es bonito. Pero, ¿qué le dice eso sobre el futuro? ¿Se encuentra en el comienzo de una serie de 28? ¿Está en forma? ¿Debe aumentar el tamaño de su apuesta?

Muchos lo harían. Lo que es una razón por la que tantos salen de los casinos con nada más que agujeros en sus bolsillos.

Tal como aprendimos al estudiar el segundo axioma, incontables especuladores y jugadores han quebrado por no abandonar mientras están ganando. La falacia del jugador tiende a animar esa falla, porque engendra la sensación de que uno es temporalmente invencible.

Es peligroso tener esa sensación. Nadie es invencible, ni siquiera durante medio segundo.

Carolina Otero y Charles Wells tuvieron suerte. Tuvieron que detenerse porque la banca se quedó sin dinero, y en todo caso, parte de su propio dinero fue retirado del juego después de cada tirada a causa de los límites puestos por la casa al tamaño de las apuestas permitidas. Estas circunstancias los salvaron. Si los hechos hubieran sido diferentes y hubieran seguido jugando, tarde o temprano hubieran perdido, y hoy no conoceríamos sus nombres.

No eran invencibles. Ambos parecían tener la sensación de que lo eran. Quizá esas notables rachas ganadoras dañaron su buen juicio. Sin duda, debe ser difícil mantenerse perfectamente racional después de una experiencia como ésa. De cualquier modo, Carolina Otero y Charles Wells, en su vida posterior, actuaron como si estuvieran enfermos con dos casos extraordinariamente grandiosos de la falacia del jugador.

Ambos corrieron un montón de riesgos con pocas probabilidades, suponiendo confiadamente que iban a estar en forma para siempre.

No fue así. Carolina Otero murió arruinada en un sórdido departamento de París. Charles Wells murió arruinado en la cárcel.

Estrategia especulativa

Ahora, veamos específicamente cómo le aconseja el quinto axioma que maneje su dinero.

El axioma le advierte que no vea orden donde no existe. Eso no significa que debe desesperarse porque nunca va a encontrar una apuesta ventajosa o una inversión prometedora. Por el contrario, debe estudiar el medio especulativo en el que está interesado (la mesa de póker, el mundo del arte, lo que sea), y cuando vea algo que le parece bueno, haga su mejor disparo.

Pero que no lo hipnotice una ilusión de orden. Al estudiar, usted puede haber mejorado las probabilidades en su favor, pero aun así, no puede ignorar el papel apabullantemente grande que desempeña el azar en la empresa. Es improbable que su estudio haya creado una cosa segura para usted, ni siquiera una cosa casi segura. Todavía está manejándose en el caos. En tanto permanezca alerta en relación con este hecho, puede evitar sufrir daños.

Su monólogo interior debería ser el siguiente: "Está bien, hice mi tarea lo mejor que pude. Creo que esta apuesta me puede rendir ganancias. Pero como no puedo ver ni controlar los eventos fortuitos que afectarán lo que suceda con mi dinero, sé que la posibilidad de que yo esté equivocado es grande. Por lo tanto, estaré listo para saltar hacia acá o hacia allá cuando suceda lo que tenga que suceder".

Y ésa es la lección del quinto axioma. Usted será un especulador más inteligente todo el tiempo.

Sexto axioma mayor

SOBRE LA MOVILIDAD

Evite echar raíces. Impiden el movimiento.

En el léxico de la moderna teoría sobre la salud mental, el desarraigo se encuentra en la misma categoría que la preocupación. Se siente que ambos son malos para usted.

Ciertamente, es lindo en muchos aspectos tener raíces. Usted siente que pertenece a algún lugar familiar entre viejos amigos y buenos vecinos: esto puede entibiar el corazón. Los opuestos de esta cómoda situación —el desarraigo, un estado de ir a la deriva, la alienación— parecen, en comparación, fríos e incómodos. Indudablemente es por eso que la mayoría de los acobardados piensan que debemos tener raíces.

Pero usted debe acercarse cautelosamente a este asunto de las raíces. Si deja que afecten su vida financiera, le pueden costar un montón de dinero. Cuanto más francamente busque esa sensación de estar rodeado por lo antiguo, lo familiar, lo cómodo, tanto menos probable es que tenga éxito como especulador.

El axioma no se refiere solamente a la movilidad geográfica o a la falta de ella —la clase de arraigo a la vieja ciudad natal—. Esto es parte de ello para mucha gente de clase media, en especial para aquellos que tratan de ganar algún dinero en el juego de los bienes raíces. Pero es sólo una parte. Lo que significa el axioma se refiere, más que nada, a un estado mental, a una forma de pensar, a un método habitual de organizar su vida.

El mensaje viene en dos mitades, cada una cubierta por un axioma menor.

AXIOMA MENOR IX
No se deje atrapar en una empresa que resultó mal, por sentimientos como la lealtad y la nostalgia

Primero veamos el negocio de los bienes raíces. Una corredora de bienes raíces de Nueva Jersey, Janice Shattuck, cuenta una triste historia de una oportunidad perdida a causa de las raíces.

Una pareja de edad madura había vivido en la misma casa durante dos décadas. Ya estaba pagada la hipoteca a 20 años, y ahora cada centavo del valor de la casa era suyo, libre y limpio. Este capital era su activo mayor, como lo es de muchas personas de ingresos medios. Los hijos habían crecido y se habían ido, los gastos habían disminuido, y ellos estaban en posición de poner a trabajar ese capital en alguna especulación seria. Con suerte, podían llegar ricos a su vejez.

Janice Shattuck, amiga personal de ellos, les dijo que pensaba que era una buena idea que vendieran la casa. La calle en la que vivían mostraba señales de declinación económica. Por circunstancias fortuitas, varias casas carecían de mantenimiento. Dos eran propiedad de dueños ausentes y estaban rentadas a grupos de jóvenes que asistían a una universidad cercana, lo que no era la mejor garantía de un mantenimiento eficaz de las casas. la calle comenzaba a tener un aspecto cansado, descuidado.

La señora Shattuck incluso les pudo decir a sus amigos que pensaba que les podía presentar a un comprador. Uno de los propietarios ausentes estaba pensando en extender su imperio y hacía mucho había puesto la mirada en su casa, una gran estructura complicada que se adaptaba para ser usada como dormitorio universitario. La señora Shattuck creía que ofrecería un precio justo. Instó a sus amigos a que lo tomaran mientras pudieran.

Pero no se pudieron animar a vender. Tenían raíces aquí, explicaron. Éste era el lugar donde habían criado a su familia. La vieja casona estaba llena de recuerdos. No soportaban la idea de que la usaran como dormitorio universitario. Más aún, algunos de los vecinos más viejos los presionaban para que no vendieran. Permitir que otra casa se convirtiera en dormitorio, mudarse y dejarles todos los problemas a los que quedaban atrás, esto les parecía de malos vecinos y desleal. Y, por lo tanto, los amigos de la señora Shattuck se quedaron. El vecindario siguió declinando. Se vendieron otras casas a propietarios menos cuidadosos, incluyendo las casas que pertenecían a las mismas personas que habían hablado con más sinceridad de la lealtad. Finalmente, los amigos de la señora Shattuck pusieron su casa en venta. Hasta ahora no ha aparecido algún comprador. Cuando aparezca uno, el precio que les ofrezca va a ser drásticamente más bajo que el que se podrían haber asegurado cuando se les instó a vender por primera vez. Cuanto más tengan que esperar, tanto más es probable que baje el precio.

Éstas son épocas en las que usted tiene que elegir entre las raíces y el dinero. Si le interesa el dinero —que presumiblemente es la razón por la que está estudiando la especulación—, es un error permitirse estar demasiado ligado a cualquier cosa física en la que esté invertido su capital. Líguese a las personas, pero no a las casas o a los vecindarios.

Tampoco se ligue a las compañías. Nunca sabe cuándo será aconsejable vender. Asegúrese de que las raíces no se lo impidan.

Frank Henry conocía a un hombre que trabajó como ingeniero en jefe de una pequeña compañía fabril. A lo largo de los años había acumulado una gran cantidad de las acciones comunes y preferentes de la compañía. Había habido una época en que la compañía era próspera y el precio de las acciones alto, pero esa temporada no duró mucho. La compañía tenía ahora serios problemas debidos a cambios en sus mercados, en particular por la llegada de algunos implacables competidores japoneses.

Los hechos generales de este problema eran de conocimiento público, y el precio de las acciones bajó mucho. Sin embargo, el ingeniero creía que los problemas eran aún peores de lo que conjeturaban los demás. Comparando los productos de su compañía con los de la competencia japonesa, descubrió una diferencia sustancial en la calidad. Los productos japoneses, aunque de precio inferior, eran superiores. El ingeniero no veía forma en la que su compañía pudiera superar la doble desventaja. Estaba convencido de que, tarde o temprano, la competencia llevaría a la empresa a su muerte.

Debió haber vendido, pero las raíces se lo impidieron.

Abrigaba confusos sentimientos de lealtad hacia la pequeña compañía. Estos sentimientos fueron profundizados por un montón de discursos sobre no-abandonar-el-barco por parte del presidente del consejo y principal funcionario ejecutivo, el mayor accionista. El presidente, un optimista incurable, proclamó en voz alta que él seguía comprando más acciones para su cartera personal. Creía que era importante hacerlo. Puesto que los reglamentos de la Comisión de Valores e Intercambio y de la bolsa de valores le exigían que hiciera público a cuánto ascendía su interés en la compañía, cualquier venta que hiciera se hubiera sabido. Eso hubiera sido una publicidad perjudicial. Su teoría era que podía ocasionar buena publicidad haciendo lo opuesto. Sentía que al comprar más acciones estaba demostrando fe en la viabilidad del negocio y en sus perspectivas futuras. Estaba mostrando lealtad.

El ingeniero dudaba de que el gesto del presidente tuviera algún efecto notable. Los precios de las acciones comunes y preferentes se saltaban unos a otros hacia atrás en su constante avance hacia abajo. La moral de los accionistas y de los empleados estaba baja y caía cada vez más. Era tiempo de irse. Pero el ingeniero no podía decidirse, y una de las principales razones era el gesto de lealtad del presidente.

Si un inversionista es un comprador neto de un valor y otro es un vendedor neto, entonces, en efecto, uno le está comprando al otro. Por supuesto, las transacciones se manejan a través de agentes de bolsa y de especialistas en el piso de una bolsa, pero el efecto de casar a un comprador con un vendedor es el mismo que si fuera un trato cara a cara. Por lo tanto, el ingeniero tenía la incómoda conciencia de que, cuando pusiera sus acciones a la venta, el presidente se las compraría.

El ingeniero terminaría vendiendo, mientras que el presidente terminaría con una gran cartera de acciones que pronto no tendrían ningún valor. De algún modo no parecía justo.

Y, por lo tanto, el ingeniero no hizo nada. A su tiempo, él y el presidente terminaron con carteras de acciones inútiles.

Muchos años después, Frank Henry estuvo en un trato comercial que lo puso brevemente en contacto con el ex presidente del consejo, ahora el propietario de una cadena de almacenes en expansión. El hombre parecía próspero y contento. Habló alegremente de algunos éxitos recientes en el mercado accionario. Había ganado algún dinero vendiendo acciones al descubierto en un mercado bajista. Obviamente, conocía bien esa técnica, en la que usted vende una acción antes de poseerla esperando que el precio caiga. Si realmente cae, usted concreta la venta comprando la acción por menos dinero del que ha recibido. A medida que el ex presidente del consejo hablaba de esto, una idea pequeña pero maliciosa comenzó a germinar en la mente de Frank Henry.

Se preguntó si el presidente había sido tan optimista sobre la pequeña compañía con problemas como había simulado. Quizá, supuso Frank Henry, el hombre había mantenido dos cuentas, como hacen muchos grandes especuladores: una abiertamente declarada y otra secreta. Mientras compraba estentóreo y orgullosamente las acciones de la compañía en una cuenta, quizá había estado vendiendo al descubierto en la otra.

Era sólo una idea.

AXIOMA MENOR X

Nunca dude en abandonar una empresa si aparece a la vista algo más atractivo

Hay muchas formas en las que puede arraigarse en un medio especulativo, para detrimento de su objetivo final de hacer dinero. Una de las más comunes (entra furtivamente y toma a la gente por sorpresa) es llegar a una situación en la que usted ya no está seguro de estar especulando o tener una afición.

Digamos que usted tiene una colección de monedas o de estampillas raras, o su sala se ha convertido en un museo de arte. Usted ha alcanzado su meta preestablecida de duplicar su dinero, pero ahora no se puede decidir a vender las cosas. Se ha ligado demasiado a ellas, o quizá por alguna razón artístico-artesanal ha comenzado a pensar que no está bien especular en arte por dinero. Por lo tanto, su colección está en su casa, y su valor está atrapado allí. Mientras tanto, han aparecido a la vista otras buenas especulaciones, especulaciones en las que podría usar muy bien ese capital. Quizá tiene una corazonada sobre el precio de la plata. O tiene una oportunidad de entrar en una especulación local en bienes raíces que le parece buena. ¿Qué va a hacer?

Usted debe decidir si es un especulador o no.

Nunca se ligue a las cosas, sólo a las personas. Ligarse a las cosas disminuye su movilidad, la capacidad de moverse rápido cuando surge la necesidad. Una vez que se arraiga, disminuye notablemente su eficacia como especulador.

Otra forma común de arraigarse es colocarse en una situación en la que está esperando a que algo le dé un beneficio. Quizá esto le suceda a más personas que el dilema especulación/afición. Es posible quedar atrapado durante años en un juego de espera, mientras docenas de otras buenas oportunidades especulativas pasan tentadoramente al alcance de sus dedos y éstos son impotentes para asirlas.

Digamos que usted ha comprado 10,000 dólares en acciones de Computadoras Hoo Boy. Busca una posición final de 15,000 dólares. Pero Hoo Boy resulta un fiasco. No va hacia arriba ni hacia abajo. Año tras año ahí se queda, estancada.

Mientras tanto, Electrónica Hey Wow atrae su mirada. Algunas noticias seguras le hacen pensar que es más probable que Hey Wow produzca una gran ganancia el año próximo o algo así, que

Computadoras Hoo Boy. Usted compraría un puñado de Hey Wow si tuviera capital, pero no tiene un centavo libre. Está cerrado con Hoo Boy.

¿Qué hace? La reacción común es seguir sentado sobre las acciones de Hoo Boy. "¡No puedo vender ahora! ¡Tengo que esperar mi beneficio!"

Pero, piense. Si tiene una buena razón para creer que es posible obtener una ganancia más rápida en Hey Wow, ¿por qué no cambiar? Es el mismo dinero, no importa dónde esté invertido. Si aumenta hasta 15,000 dólares en Hey Wow en lugar de hacerlo en Hoo Boy, se divertirá lo mismo al celebrarlo.

Nunca se arraigue en una inversión a causa del sentimiento de que ésta le "debe" algo, o, lo que es igualmente malo, por el sentimiento de que usted le "debe" el tiempo suficiente para demostrar lo que puede hacer. Si no va a ninguna parte y usted ve algo mejor, cambie de tren.

Lo único que pierde al cambiar en lugar de quedarse es la comisión del intermediario o comisionista. Si el valor del capital de la inversión original ha cambiado durante el tiempo que usted la tuvo, el acto de vender lo obliga a pagar un impuesto sobre las ganancias del capital, o, por el contrario, le da el derecho a declarar una pérdida de capital. Pero, como estamos hablando de vender algo que no ha ido a ninguna parte en particular, esta consideración tal vez no tenga mayor importancia.

Por supuesto, existe la posibilidad de arrepentirse, que ya hemos estudiado en otros axiomas. Si usted cambia de Hoo Boy a

Hey Wow, va a experimentar diferentes tipos de emociones desagradables si Hoo Boy de pronto se despierta y se va repentinamente hacia arriba. Por supuesto, eso puede pasar.

Pero la posibilidad de arrepentirse también existirá si no cambia. Mientras está todavía sentado pacientemente sobre Hoo Boy, repentinamente Hey Wow puede volver a la vida, tal como usted sospechaba que lo haría. Entonces, deseará darse de golpes por quedarse con su inversión original.

Puesto que la posibilidad de arrepentirse es la misma, no importa lo que haga, podría dejarla fuera de sus cálculos. Se autoanula. La decisión de quedarse o de cambiar debería apoyarse solamente sobre la pregunta de cuál especulación, a su juicio, parece ofrecer la mejor promesa de una ganancia rápida.

Es una pregunta que debe hacerse cada vez que tiene una inversión, pero lo atrae otra. No se arraigue, ya sea a causa de un dilema especulación/afición, una espera por una ganancia, o temores y preocupaciones de abandonar algo que le es familiar por algo nuevo y desconocido (que también es un problema para algunos). Defina dónde parece estar su mejor oportunidad y vaya a buscarla.

Estrategia especulativa

El sexto axioma lo insta a preservar su movilidad. Le advierte contra las muchas cosas que pueden arraigarlo, en perjuicio de su carrera especulativa: sentimientos como la lealtad, lazos como el deseo de esperar una ganancia. Dice que debe conservar los pies libres, listos para saltar alejándose del problema o para tomar rápidamente las oportunidades.

Ello no significa que debe rebotar de una especulación a otra como una pelota de ping-pong. Debería hacer todos sus movimientos sólo después de evaluar con cuidado las probabilidades a favor y en contra, y no debería hacer ningún movimiento por razones triviales. Pero cuando una empresa está empeorando a las claras, o cuando algo más prometedor aparece ante su vista, entonces debe cortar esas raíces e irse.

Tenga cuidado. No permita que esas raíces lleguen a ser demasiado gruesas como para poder cortarlas.

Séptimo axioma mayor

SOBRE LA INTUICIÓN

Se puede confiar en una corazonada si se la puede explicar.

Una corazonada es un trozo de cosa sentimental. Es una misteriosa pisada que no-es-del-todo-conocimiento: un hecho mental que se siente parecido al conocimiento, mas no se siente perfectamente confiable. Como especulador, es probable que tenga corazonadas a menudo. Algunas serán fuertes e insistentes. ¿Qué debe hacer con ellas?

Aprenda a usarlas, si puede.

Éste es un consejo fácil de dar, pero, como indudablemente descubrirá, no tan fácil de cumplir. El tema de la intuición es complicado, imperfectamente comprendido y problemático para muchas personas. Hay tres enfoques distintos sobre el fenómeno:

Burla. Muchos inversionistas/especuladores ignoran estudiadamente sus propias corazonadas y se ríen de las de los demás. Insisten en apoyar todos sus movimientos especulativos con hechos y con material similar a los hechos. Con frecuencia es un material bastante idiota —gráficas, pronósticos de economistas—, pero para las personas que están en este grupo, parece más confiable que las corazonadas. Casi siempre harán un movimiento aun cuando su intuición les está diciendo con fuerza están equivocados. "La gráfica dice que está bien, y yo me guío por eso."

Confianza indiscriminada. Luego están las personas que se apoyan en las corazonadas con demasiada fuerza, con demasiada frecuencia y sin suficiente escepticismo.

Cualquier intuición caprichosa se convierte en una razón para hacer un movimiento, aun cuando un análisis racional de la situación proporcionaría ideas diferentes por completo. "Me guío por mis intuiciones", dirán orgullosamente estas personas, olvidando agregar que esas maravillosas corazonadas han llevado a calamidades especulativas con demasiada frecuencia.

Uso selectivo. Éste es el enfoque de Zurich. El pensamiento que está detrás de él es que esa intuición puede ser útil. Sería una vergüenza despreciar en forma categórica una herramienta especulativa potencialmente tan valiosa, rechazar todas las corazonadas simplemente porque algunas son tontas. Por otra parte, es cierto que algunas de ellas merecen que se las tire al bote de la basura. El desafío consiste en discernir cuáles merecen su atención y cuáles no.

De modo que el primer paso es descubrir *qué* es una corazonada. ¿De dónde viene esta extraña y pequeña porción de cuasiconocimiento?.

Resulta ser menos misteriosa de lo que parece. Hay algunas personas que explicarían la intuición hablando de percepción extrasensorial o de poderes ocultos, pero nada de eso es necesario. Una corazonada es un suceso mental perfectamente común. Cuando lo golpea una fuerte corazonada —"Creo que esa compañía está en problemas más serios de lo que admite"—, es posible que esta conclusión se base en información real, sólida, que está almacenada en algún lugar de su mente. Lo que la hace sorprendente es que se trata de *información que usted no sabe que posee.*

¿Es eso posible? Por supuesto. Es un fenómeno mental cotidiano. El doctor Eugene Gendlin, un psicólogo de la Universidad de Chicago que ha dedicado años a estudiar este tema, señala que saber algo sin saber cómo lo sabe uno es una experiencia humana común.

El doctor Gendlin señala que usted recibe una cantidad colosal de datos todos los días, muchos más de los que puede almacenar en su mente consciente y recordar en forma de porciones discretas de datos. La mayoría de ellos se almacena en alguna otra reserva por debajo o por detrás del nivel consciente.

Por ejemplo, piense en cierto hombre o cierta mujer que haya desempeñado un papel importante en su vida. Esta persona no llega a usted en porciones discretas de datos... cabello castaño, ojos azules, le gusta la comida china, etcétera. A través de los años, ha almacenado millones de porciones de datos semejantes, muchos más de los que podría listar durante el resto de su vida. En lugar de llegarle por partes, la persona llega *entera.* Todo lo que sabe o siente acerca de él o ella, todo lo que haya pensado, sentido o experimentado en relación con esta persona, todo viene súbitamente, arrancado misteriosamente de esa biblioteca colosal del no-saber-del-todo.

Imagínese que se encuentra al hombre o a la mujer en la calle. Instantáneamente sabe quién es. Sin pensarlo de manera consciente en absoluto, reacciona instantáneamente de la forma adecuada. Sin embargo, si yo le preguntara cómo reconoció a esta persona, ¿cuáles son sus claves precisas? —¿la forma de la nariz? ¿la manera de caminar?— no podría contestarme. Usted *sabe* que conoce a su amigo, pero no cómo es que sabe.

De modo similar, si este hombre o mujer le telefonea, de inmediato reconoce la voz. ¿Cómo? ¿Con qué claves precisas? No hay respuesta. Si intentara describirme esa voz de modo que yo también pudiera reconocerla, vería que la tarea es imposible. La información está en alguna parte de su cabeza, mas no sabe qué es o dónde está.

De este material están hechas las corazonadas. Una buena corazonada es algo que usted sabe, pero no sabe cómo lo sabe.

Por ejemplo, una mujer que especula en bienes raíces en Nueva Inglaterra me contó acerca de una corazonada que tuvo en medio de la noche. Había renovado una casa muy vieja sobre la playa, en Maine, y había estado tratando de venderla, pero no había recibido alguna oferta que se acercara lo suficiente al precio que ella pedía. Una oferta era casi aceptable, pero no alcanzaba la posición final que ella había planeado. Estaba esperando obtener más y se sentía muy confiada.

Entonces, en las tranquilas horas de la madrugada anteriores a un amanecer lluvioso, de repente se despertó por completo y se sintió poseída por una corazonada insistente, poderosa, de que debía aceptar esa oferta. La intuición le decía que el mercado para las viejas casas costeras de Maine estaba por decaer, quizá por desplomarse. No sabía cómo lo sabía. Solamente lo sabía.

Pero tenía miedo de confiar en la corazonada. La dejaba perpleja el problema común: no podía ver la biblioteca de información sobre la que se basaba la corazonada.

Ella y yo conversamos acerca de eso. Su primera inclinación fue reírse de la corazonada y esperar que desapareciera. Pero entonces comenzamos a llegar a la conclusión de que bien podría estar basada en información sólida y confiable. Después de todo, desde hacía tiempo se había dedicado a estudiar la economía de la costa de Maine pues afectaba a los bienes raíces. Se suscribió a un par de periódicos locales, pertenecía a una asociación de propietarios, conversaba con corredores de bienes raíces y otras personas informadas. También, se conservaba bien informada sobre los acontecimientos nacionales y mundiales. Entre otras cosas, era lectora del *Business Week*. Por lo tanto, podía decirse con perfecta confianza que poseía un gran almacén de datos relevantes en relación con el precio de venta de una casa sobre la costa de Maine.

Sin embargo, gran parte de esa información estaba almacenada a un nivel no-tan-consciente de su mente. Sin duda, es probable que la mayor parte estuviera ahí. La parte completamente consciente era como la punta visible de un *iceberg*.

Llegamos a la conclusión de que la problemática corazonada había surgido cuando se hicieron conexiones en ese enorme banco de datos inconsciente. Los hechos se habían acomodado como piezas de un rompecabezas, sin la dirección consciente de ella. Quizá había veintenas de estas piececitas de datos olvidados: algo que había leído, algo que había escuchado en una reunión, un comentario hecho meses atrás por un corredor de bienes raíces. Reunidos, dieron por resultado una convicción intuitiva de que el mercado de los bienes raíces sobre la costa de Maine se dirigía hacia una caída.

Decidió confiar en la corazonada. Aceptó la oferta más alta por su casa. Sólo un mes después o algo así, fue evidente que había hecho una maniobra brillantemente correcta. La oferta que había aceptado era la más alta que podría haber recibido durante mucho, mucho tiempo. Ahora estamos en condiciones de entender lo que significa el séptimo axioma cuando dice: "Se puede confiar en una corazonada si se la puede explicar".

Cuando sienta una corazonada, lo primero que tiene que hacer es preguntar si puede existir en su mente una biblioteca de datos suficientemente grande como para haber generado esa corazonada. Aunque no sabe y no puede saber con precisión cuáles podrían ser los datos relevantes, ¿es factible pensar que existen?

Si se trata de una corazonada sobre los bienes raíces en la costa de Maine, pregúntese si está genuinamente informado sobre este tema en particular. ¿Lo ha estudiado? ¿Ha estado siguiendo sus altas y bajas? Si es una corazonada sobre el precio de la plata,

¿ha absorbido un montón de conocimientos sobre el metal y sus complejas interrelaciones con otros sucesos económicos? Si es una corazonada sobre una persona —"este tipo me va a estafar"—, ¿lo ha conocido lo suficientemente bien y durante el tiempo necesario como para que sea posible que conozca su carácter?

La razón para someter las corazonadas a estas pruebas rigurosas es que a veces tenemos relámpagos de intuición que no se basan en hechos prácticos, reales. Son cosas etéreas. ¿De dónde vienen? No me pregunte. Son como sueños. Salen de la nada, no significan nada, no llevan a ninguna parte. Son simplemente juegos del cerebro consigo mismo.

Una mañana está leyendo el periódico y se encuentra con un artículo pequeño acerca de la instalación de un nuevo presidente en Computadoras Hoo Boy. De repente, tiene esta magnífica corazonada. El nuevo hombre va a llevar a Hoo Boy a alturas increíbles. ¡Se va a engullir al mercado! ¡Va a hacer tambalear a IBM! ¡El precio de las acciones va a subir en espiral!

Pero antes de llamar a su agente de bolsa, ponga a prueba esta maravillosa corazonada. Su monólogo interno puede ser algo así como lo siguiente:

"Bien, amigo, veamos esto con calma. ¿Qué sabes acerca de Computadoras Hoo Boy?"

"Bueno, uh, de vez en cuando he leído algo sobre ella. Suena como una buena y sólida organización."

"¿Pero has hecho un estudio especial sobre ella? ¿Realmente has seguido sus alternativas?"

"No, no lo hice."

"¿Y qué pasa con este nuevo presidente? Sabes mucho sobre él, ¿no es cierto?"

"Uh, no exactamente."

"En realidad, jamás lo oíste nombrar antes, ¿no? Entonces, ¿qué te causa esta gran confianza en él?"

"Bueno parecía que el reportero del periódico pensaba que era un hombre equilibrado."

"Probablemente el reportero jamás lo había oído nombrar antes tampoco. Tal vez la mitad de lo que contenía el artículo salió de un comunicado de prensa de la compañía. ¿De modo que realmente piensas que tienes los suficientes datos como para generar una corazonada confiable?"

"Bueno, uh..."

"Vamos, amigo, tomémonos una cerveza y olvidemos el asunto."

Por supuesto, este tipo de prueba no garantiza que usted jamás tendrá una corazonada inexacta. Hasta la corazonada con la base más sólida puede estar equivocada. Por el contrario, una corazonada salida de la nada puede ser correcta, igual que cualquier conjetura descabellada. Lo que este procedimiento logra es aumentar las probabilidades en su favor. Lo pone por encima de aquellos que menosprecian toda intuición y también de los que piensan que todas las corazonadas las manda el cielo. Usted posee más probabilidades de seguir buenas corazonadas de las que tiene el primer grupo, y más probabilidades de descartar las malas de las que tiene el segundo grupo. Sin embargo, haga lo que haga, conserve cerca de sí el resto de los axiomas. No importa lo buena que parezca una corazonada, no deje que lo arrulle en un estado de confianza exagerada. Siga preocupado. La intuición puede ser una herramienta especulativa útil, pero no es la largamente buscada fórmula infalible. Como lo hemos dicho antes, esa fórmula no existe.

AXIOMA MENOR XI
Nunca confunda una corazonada con una esperanza

Cuando usted desea mucho algo, con demasiada facilidad puede convencerse a sí mismo para creer que sucederá.

Este hecho de la psicología humana confunde a los niñitos que sueñan con lo que quieren para Navidad, y confunde a los especuladores que sueñan con todo el dinero que van a hacer.

Usted visita una muestra artística en una pequeña ciudad y compra un par de pinturas de un artista oscuro llamado Basurikis. Las lleva a su casa y descubre que no le gustan tanto como había imaginado. Son bastante raras, en realidad. Una desagradable vocecita, en algún lugar interior, le sugiere que quizá ha desperdiciado su dinero. Pero esas palabras quejumbrosas son rápidamente superadas por el trueno de una poderosa corazonada. Algún día, dice la corazonada, ¡Basurikis recibirá el reconocimiento que merece! ¡Esas pinturas las buscarán los coleccionistas por todas partes! ¡Los grandes museos harán ofertas por ellas!

¿Es una corazonada que vale la pena escuchar? ¿ O es sólo una esperanza?

Mi regla personal es ser muy escéptico cada vez que tengo la corazonada de que va a pasar algo que quiero que pase. Esto no significa que todas esas corazonadas estén equivocadas, sólo que uno las debe examinar con un cuidado extra, y debe doblar la guardia en caso de que haya problemas.

Por el contrario, estoy mucho más inclinado a confiar en una intuición que indica algún resultado que yo no deseo. Si yo hubiera comprado esas pinturas y hubiera tenido la corazonada de que Basurikis nunca iba a triunfar (y si tuviera el suficiente conocimiento de arte como para que la corazonada fuera factible), mi inclinación sería deshacerme de ellas rápidamente.

Estrategia especulativa

El séptimo axioma sugiere que es un error reírse categóricamente de las corazonadas o confiar en ellas indiscriminadamente. Aunque la intuición no es infalible, puede ser una herramienta especulativa útil si se la maneja con cuidado y escepticismo. La intuición no tiene nada de mágico ni del otro mundo. Es sólo una manifestación de una experiencia mental perfectamente común: la de saber algo sin saber cómo lo sabe uno.

Si tiene una fuerte corazonada que le dice que haga cierta maniobra con su dinero, el axioma lo insta a ponerla a prueba. Confíe en ella sólo si puede explicarla, o sea, sólo si puede identificar dentro de su mente un cuerpo de información almacenado, del que se podría suponer razonablemente que surgió esa corazonada. Si usted no tiene esa biblioteca de datos, deseche la corazonada.

Por último el axioma menor XI le advierte que se puede confundir con facilidad una corazonada con una esperanza. Sea especialmente cauteloso con cualquier relámpago de intuición que parece prometer algún resultado que usted desea muchísimo.

Octavo axioma mayor

Sobre la religión y lo oculto

Es improbable que el plan de Dios para el universo incluya hacerlo rico a usted.

Cuando yo era un jovencito, un ministro protestante acostumbraba venir a cenar a nuestra casa de vez en cuando. Él y Frank Henry se conocían desde que eran niños en la pequeña ciudad de Wadenswil, sobre la costa sur del lago Zurich. El ministro había emigrado a los Estados Unidos cuando era joven y ahora era el pastor de una pequeña iglesia que estaba en algún lugar de Nueva Jersey.

Una noche burbujeaba de entusiasmo. Informó que el Señor le había dado a su iglesia una gran oportunidad. Un miembro de su rebaño, un hombre de edad avanzada, estaba por mudarse a un clima más templado. La mudanza tenía que hacerse rápido, por una u otra razón, y el hombre quería que fuese una ruptura completa, sin dejar atrás cabos sueltos. Entre esos cabos sueltos estaba una propiedad quizá de unas cinco hectáreas de tierra sin aprovechar sobre uno de los bordes de la ciudad. Había comprado esta propiedad hacía muchos años como una inversión, pero nunca había hecho nada con ella. Ahora quería venderla antes de mudarse. Como regalo de despedida para la iglesia, se la ofrecía en venta por exactamente lo mismo que había pagado años atrás.

El ministro estaba tremendamente entusiasmado por eso. Su parroquia nunca había tenido mucho dinero. ¡Aquí había una oportunidad de hacer una excelente operación de la noche a la mañana! El precio de los bienes raíces en toda la ciudad había aumentado mucho, y el área donde se encontraba la propiedad del miembro de la iglesia era considerada particularmente deseable para construir casas. La iglesia podía revender la tierra para obtener una ganancia inmediata o esperar un poco más, hacer uno o dos caminos, y vender lotes individuales para obtener aún más ganancias. Por fin, se regocijaba el ministro, ¡la parroquia iba a tener dinero para todas las buenas obras que era necesario hacer!

Frank Henry dijo que lo alegraba oír esta buena noticia. Agregó que parecía demasiado buena para ser cierta. Dijo que, de acuerdo con su experiencia, las ganancias instantáneas y las cosas seguras por lo general resultan ser trampas. Los especuladores aficionados siempre caían en ellas y salían arrastrándose con los bolsillos vacíos.

El ministro carraspeó. Ése era un regalo de Dios. A veces el Señor nos castiga y otras nos recompensa. No nos corresponde hacer muchas preguntas. Sólo podemos aceptar lo que nos dan. El ministro no estaba preocupado.

Frank Henry y yo oímos el final de la historia mucho tiempo después. A instancias del ministro, la congregación votó por comprar la propiedad del miembro que partía y establecer un comité para estudiar qué hacer con ella.

El comité determinó que la mejor opción sería subdividirla y vender lotes individuales. El presidente del comité y el ministro fueron a la municipalidad para solicitar los permisos necesarios y ahí se encontraron con el inspector de edificios quien les dio la mala noticia.

Ese trozo de terreno, dijo, tenía algunas características problemáticas. En la superficie parecía seco, pero a un metro hacia abajo era puro pantano. No serviría ningún sistema séptico que se pusiera allí. A lo largo del tiempo, más de un propietario había querido desarrollar el lugar, pero las autoridades siempre se habían negado a permitirlo, a menos que el propietario quisiera instalar un sistema de drenaje exorbitantemente caro. Ésa era la razón por la que siempre había quedado sin desarrollar.

Habían engañado a la iglesia.

La moraleja de la historia, tal como la dijo Frank Henry, es que uno no se podrá volver rico rezando. Sin duda, si mientras reza tiene al dinero en su mente, es más probable que rece para volverse pobre. Si depende de Dios o de cualquier otro poder o agente sobrenatural para atraer la riqueza, las posibilidades son que bajará su guardia y lo aplastarán.

Si hay un Dios, que es un tema sobre el cual los axiomas no tienen opinión, no hay ninguna evidencia de que este ser supremo se preocupe en lo más mínimo si usted muere rico o pobre. En realidad, la Biblia dice varias veces que, desde el punto de vista de mantener un alma cristiana o judía saludable, probablemente sea mejor ser pobre.

Muchas religiones orientales tienen la misma creencia. (Y Abraham Lincoln subrayó una vez que Dios debe haber tenido un amor especial por los pobres, puesto que hizo tantos.) Por lo tanto, en lo que concierne a los axiomas, no hay ninguna diferencia si usted es devotamente religioso, un ateo, o algo entre los dos extremos. No importa cuáles sean sus creencias, los pensamientos sobre Dios u otra ayuda sobrenatural no deben desempeñar ningún papel en su comportamiento especulativo.

Apoyarse en una ayuda sobrenatural produce el mismo resultado que apoyarse en un pronóstico o en una ilusión de orden. Lo arrulla para que usted caiga en una condición peligrosamente despreocupada. Los sacerdotes, los ministros y los rabinos siempre le están diciendo a la gente que no rece por dinero, pero muchas personas lo hacen. Si no se trata de una solicitud directa de algún resultado financiero específico, es una alegre suposición que hacen muchas personas piadosas de que son beneficiarias de algún tipo de seguro celestial: "Dios me protegerá".

No dependa de eso. Dios puede hacer mucho por usted, pero una cosa con la que sencillamente Él no tiene nada que ver es el tamaño de su cuenta bancaria. Ése es su problema. Solamente suyo.

Jesse Livermore, a quien conocimos al estudiar otro axioma, no se apoyaba en Dios sino en otro tipo de ayuda sobrenatural. Esto puede haber contribuido en forma importante a la caída final de este hombre complicado. Vale la pena examinar su historia.

Nacido pobre en una granja de Massachusetts, Livermore decidió muy pronto que quería ser rico. En 1893 fue a Boston y consiguió un trabajo en una firma de agentes de bolsa. Todavía no se habían inventado los aparatos electrónicos; en cambio, las cotizaciones de las acciones se escribían con tiza, o gis, sobre enormes pizarrones; esto lo hacían jóvenes y ágiles empleados que se deslizaban hacia arriba y hacia abajo por las escaleras.

Ése fue el primer trabajo de Livermore. A medida que pasó el tiempo haciéndolo, desarrolló lo que a sus amigos les parecía una extraña capacidad para adivinar en qué sentido se iban a mover los precios.

Indudablemente, la capacidad era una combinación de buenas corazonadas y suerte, pero algunos comenzaron a murmurar acerca de clarividencia y otros poderes ocultos. Livermore nunca aceptó totalmente esto como explicación de sus éxitos especulativos, pero tampoco lo rechazó del todo. Pasó toda su vida preguntándose si sería cierto. Frank Henry era uno de los que creían que Livermore hubiera estado mucho mejor si nunca se hubiera metido en esas reflexiones místicas.

Después de haber estado trabajando durante unos meses, Livermore comenzó a poner dinero en sus predicciones de precios. El medio especulativo que eligió fue una especie de salón de apuestas, común en Boston y en otras ciudades, que era una oficina de especulaciones.

Las oficinas de especulaciones promovían las formas más extrañas y exageradas de juego en el mercado de valores. En esas oficinas no se compraban acciones. En cambio, se colocaban diferentes tipos de apuestas sobre el movimiento de los precios. Era como las carreras de caballos. Las probabilidades estaban manipuladas en favor de la casa. Para ganar, un especulador necesitaba no sólo mucha suerte y buenas corazonadas, sino también un firme dominio de otras habilidades que hemos estado estudiando: cuándo cortar las pérdidas, cómo establecer una posición final, etcétera.

Jesse Livermore descubrió que tenía estas habilidades en abundancia. Era un especulador nato. Comenzando con apuestas diminutas —monedas que ahorraba de su miserable salario— rápidamente acumuló algo así como 2,500 dólares, una suma enorme para un joven en aquellos días. Agudizó sus habilidades a tal punto que una oficina tras otra le dijo que llevara su dinero a otra parte.

Lo llevó a Wall Street: el gran momento. Allí, rápidamente se forjó una reputación como uno de los especuladores más inteligentes que jamás hubieran llegado a esa calle. Era famoso antes de haber llegado a los 30 años.

Con su cabello rubio, suelto, y sus helados ojos azules, Jesse Livermore atraía a las mujeres y a los reporteros dondequiera que fuese. Se casó tres veces y mantenía amantes en departamentos y hoteles en los Estados Unidos y en Europa. Viajaba con un rebaño de lacayos y aduladores.

Difícilmente podía caminar una cuadra en Nueva York sin que alguien lo detuviera en busca de consejos para invertir. Salía bien en las fotos y en las entrevistas; se veía y hablaba como un hombre de confianza inconmovible. Pero, dentro de sí, constantemente lo roía esa pregunta sobre la clarividencia.

No sabía si era o no clarividente. Un montón de jadeantes artículos de periódicos y de revistas decían que sí, y el coro de aduladores estaba de acuerdo. A veces Livermore pensaba que debía ser así. Otras veces llegaba a la conclusión de que la idea era disparatada.

Tuvo algunos asombrosos golpes de suerte, que dieron apoyo a la idea de que podía ver el futuro. Un día, en 1906, entró a una oficina de agentes de bolsa y dijo que quería vender en descubierto Union Pacific. El agente estaba perplejo. ¿Vender en descubierto *Union Pacific*? Era una suprema tontería. Se presentaba un mercado alcista. Union Pacific era una de las acciones más atractivas. Lejos de venderla en descubierto, la gran mayoría de los especuladores estaban comprándola ansiosamente con margen.

Pero Livermore insistió en vender en descubierto. La única explicación que ofreció fue que había tenido una corazonada de que el precio estaba demasiado alto y que se acercaba una "corrección". Al día siguiente, regresó a la oficina del agente y vendió otro gran paquete de acciones de la gigante compañía ferroviaria, en descubierto.

Al día siguiente, el 18 de abril de 1906, San Francisco fue devastada por un terremoto. Millones de dólares en materiales de la Union Pacific, más una cantidad de millones de ganancias potenciales, se desvanecieron bajo los escombros. El precio de las acciones de la compañía cayó como una piedra Jesse Livermore salió de la experiencia con unos 300,000 dólares, o sea más rico.

Acontecimientos aparentemente extraños como ése deben sucederle a cualquiera que especule durante el tiempo suficiente. Cada uno que corre riesgos tiene historias semejantes que contar. Casi seguramente le ocurrirán a usted. No "prueban" nada, excepto que los acontecimientos fortuitos golpean ciegamente, hiriendo a algunos, enriqueciendo a otros, sin importarles quién es quién. Indudablemente, Jesse Livermore no fue el único especulador que vendió Union Pacific en descubierto antes del terremoto de San Francisco, o que se benefició de un modo u otro con la gran catástrofe. No es probable que muchos de los otros pensaran que poseían un poder mágico para ver el futuro. Deben haberse dado cuenta de que sólo eran afortunados. Livermore también, sólo era afortunado. Pero le habían puesto la etiqueta de "clarividente" y el episodio de la Union Pacific hizo que se le adhiriera más fuerte.

Hubo momentos en su vida en los que él trató honestamente de arrancársela. Generalmente esto sucedía cuando su suerte o "clarividencia" lo abandonaba, lo que siempre hace la suerte en su momento. Cuando estaba quebrado, o se acercaba a esa situación, parecía darse cuenta de que había dependido demasiado de la supuesta capacidad de ver el futuro, y luego trataba de convencerse a sí mismo y a otros de que realmente tenía una base especulativa más sólida que la clarividencia.

Esto sucedió por última vez en 1940. Había ido a la quiebra en 1934, había amasado una nueva fortuna, pero una vez más estaba en proceso de perderla. En un intento evidente por demostrar que estaba especulando por medio de un sistema racional, más que por medio de la magia, escribió un librito peculiar, publicado en 1940, titulado *Cómo negociar con acciones: la fórmula Livermore para combinar el elemento tiempo con el precio.*

Era el tipo de libro que hubiera aplaudido el profesor lrving Fisher, el tipo que se fue al pozo en 1929 porque pensaba que veía patrones en el mercado de valores. El libro era un himno a los patrones. Contenía cuadros e instrucciones sobre "puntos pivote" y "reacciones secundarias" y cosas como ésas.

Era un perfecto desatino. Cualquiera que intentara conquistar la bolsa siguiendo tales instrucciones terminaría muy confundido y quizá en bancarrota, a menos, por supuesto, de que él o ella tuviera suerte. El libro no demostraba nada, excepto el intenso deseo de Livermore, a esa altura de su vida, de alejarse cuanto pudiera de la cuestión de la clarividencia.

Quizá trató, al final, de inventar un sistema especulativo que mezclara los diagramas con la clarividencia. Eso podría haber funcionado todavía peor que cuando él se apoyaba separadamente en cada uno. Una tarde, en diciembre de 1940, Jesse Livermore entró al Hotel Sherry-Netherland de Nueva York, bebió dos old-fashioneds, fue al baño y se pegó un tiro.

Por supuesto, nunca es posible saber con exactitud por qué alguien ha elegido terminar con su vida. Aun cuando la persona deje una nota, cosa que no hizo Livermore, siempre nos quedamos preguntándonos cuáles son las verdaderas razones y cuáles son sólo explicaciones fáciles. Jesse Lauriston Livermore era un hombre complicado con una vida complicada, y es concebible que su suicidio fuera precipitado por problemas de los que no sabemos nada. "Había veinte Livermores, yo solamente conocí a uno de ellos", dijo Frank Henry tristemente.

Aun así, parece probable que las dificultades especulativas estuvieran incluidas en la bolsa de problemas que hundió al hombre. La especulación había sido la obsesión más grande de su vida. En el momento en que estaba bebiendo sus dos últimos old-fashioneds en el Sherry-Netherland, sus asuntos financieros andaban mal por cuarta vez en su vida. Por cuarta vez enfrentaba una dolorosa verdad: su enfoque de la especulación era decididamente falible. La videncia era ni la mitad de clara de lo que él habría esperado. Si se apoyaba en ese supuesto don de la profecía, éste lo había abandonado.

Nada de ello significa que usted esté en peligro de llegar al trágico fin de Jesse Livermore. La historia de Livermore es sólo una ilustración insólita de la forma en que las creencias ocultas pueden estorbar el equilibrado razonamiento especulativo. Apoyarse en esas creencias puede no ser peligroso para su salud, pero sí para su bolsillo.

AXIOMA MENOR XII
Si la astrología fuere eficaz, todos lo astrólogos serían ricos

Parece que este axioma menor criticara a la astrología, pero sólo se debe a que, en los Estados Unidos y en el resto del mundo occidental, la astrología es la más popular de las creencias ocultas. Una reciente encuesta Gallup demostró que 32 millones de estadounidenses adultos creen en la astrología, mientras que por lo menos otro tanto lee ocasionalmente los horóscopos de periódicos y revistas. Otras disciplinas ocultas, como la brujería y el tarot, tienen menos adherentes, pero el axioma menor XII se dirige a ellos tanto como a los observadores de los astros.

Este es el pensamiento que se ofrece a su consideración: si lo atrae la astrología o alguna otra doctrina mística o sobrenatural, por favor, penetre en su sustancia y espíritu tan profundamente como quiera. Juegue con ella, hágala parte de su vida, haga lo que desee. Pero antes de tratar de usarla para ayudarlo a ganar dinero, hágase un favor: mire alrededor a los que practican esta doctrina y particularmente a aquellos que se proclaman sus maestros, sacerdotes y gurús, y hágase una pregunta: *¿son ricos?*

Si no son más ricos que cualquier otro grupo de hombres y mujeres tomado al azar, entonces usted ha aprendido un hecho útil. No importa lo que esta doctrina oculta pueda hacer por usted en términos de paz interior y todo eso, una cosa que no hará será engordar su cuenta bancaria. Como descubrirá, los astrólogos y los que creen en la astrología no son más ricos, como grupo, que los demás.

Tampoco lo son los creyentes en las cartas de tarot, en los poderes psíquicos, o en cualquier otro sistema místico, pseudocientífico o religioso. Cuando se trata de dinero, tropiezan en la oscuridad en la misma forma en que deben tropezar todos los demás. Algunos son ricos. Algunos son pobres. La mayoría están en algún punto intermedio. A casi todos les gustaría ser más ricos. En otras palabras, no son diferentes de cualquier grupo de hombres y mujeres que se reúna al azar en cualquier parte.

Igual que la mayoría de los ministros, sacerdotes y rabinos de las principales religiones, algunos gurús le dirán que ellos no trabajan para ayudarlo a usted a hacerse rico. Con frecuencia, esto es una evasión, pero cuando se dice en forma genuina, es algo en favor de ellos. Sin embargo, muchos gurús prometen ayudar en cuestiones de dinero. También, la mayoría de los horóscopos que se leen en los periódicos o en las revistas como *McCall's*. "Piscis: el periodo del 3 al 10 de junio será un momento propicio para invertir..."

Si les pide a los defensores de estas doctrinas místicas que muestran evidencia de que se puede ganar dinero de esta manera, por lo general, podrán hacerlo. Esto es lo que hace a las doctrinas peligrosamente atractivas. Como los profetas que hemos estudiado en el cuarto axioma, cada practicante del ocultismo puede presentar por lo menos una buena historia de un golpe afortunado. Sin duda, algunas de las historias son sorprendentes. Si tiene un amigo o un vecino que sea un creyente en lo oculto, puede obtener un montón de esta "evidencia", y quizá comience a pensar que puede ser, sólo puede ser... Pero aférrese a su escepticismo y a su dinero. Las historias que oirá son todas como la asombrosa aventura de Jesse Livermore con Union Pacific. No prueban que el enfoque místico sea enriquecedor. Todo lo que prueban es que alguien que especula durante el tiempo suficiente tarde o temprano dará en el blanco bajo circunstancias aparentemente extrañas.

Yo mismo he tenido experiencias así. La más extraña incluyó las cartas del tarot.

Hace muchos años me interesé en el tarot cuando una revista me pidió que escribiera un artículo sobre la historia de los juegos de cartas. Resultó que nuestra baraja de bridge y de póker con 52 cartas es descendiente directa del mazo de 78 cartas del tarot. El tarot fue diseñado específicamente para adivinar el futuro, no para juegos, pero algo en él atrajo mi atención. Llegué a ser superficialmente hábil en la lectura del tarot. Era una buena forma de animar una fiesta aburrida.

Inevitablemente, en el curso de esta investigación escuché historias sobre dinero. El tarot se presta mucho a este tipo de historias, porque muchas adivinaciones tratan directamente con preguntas de riqueza y pobreza. Una historia atractiva fue la que me contaron funcionarios de Godnick & Son, una importante firma de agentes de opciones de Wall Street.

En caso de que usted no conozca estos instrumentos maravillosamente riesgosos, una opción de compra es un pedazo de papel que le da el derecho de comprar una acción a un precio fijo en un plazo futuro. Usted compra una opción cuando cree que una acción va a subir de valor. Si sube, gana mucho más dinero al tener una opción que si poseyera la acción misma. Si el precio cae, por el contrario, se enfrenta a perder rápidamente toda su inversión. (Una opción de venta, que no nos interesa directamente aquí, es lo contrario: le da a usted el derecho de vender una acción a un precio fijo en un plazo futuro.)

Un hombre vestido pobremente entró un día a la oficina que tiene Godnick en Beverly Hilis y dijo que quería comprar opciones de Control Data. Tenía consigo un cheque por poco menos de 5,000 dólares, girado contra un banco local y extendido a su propio nombre. Evidentemente, acababa de cerrar una cuenta de ahorros. El gerente de Godnick de California, Marty Tressier, dedujo de varios indicios que esta suma era prácticamente toda la riqueza neta del hombre. En vista de eso, Tressier hizo al extraño cliente algunas preguntas, con preocupación.

¿Estaba seguro de que quería arriesgar toda la cantidad?, quiso saber Tressier. El hombre respondió que sí, que estaba seguro. ¿Toda en las mismas acciones? Sí. Pero, ¿por qué Control Data, demonios? En ese momento Control Data no atraía mucha atención en Wall Street. Se sentía que la compañía tenía un montón de problemas serios que llevaría años corregir.

Las acciones se negociaban alrededor de los 30 dólares, cuando se negociaban, lo que no era frecuente. La reacción común del especulador ante Control Data era echarle un vistazo y decir: "Bueno, sí, podría ser interesante algún día. Quizá volveré a mirarla el próximo año".

Pero el cliente de Marty Tressier estaba perfectamente seguro de que Control Data era lo que él quería. Tressier siguió preguntando por qué. Finalmente, el hombre murmuró algo sobre el tarot.

Había recibido un aviso de las cartas. A riesgo de espantarlo, Tresslier discutió con él. Pero el hombre era inconmovible. Insistió en poner su paquete entero en opciones de Control Data. De mala gana, Tressier tomó sus 5,000 dólares y le deseó suerte.

Seis meses más tarde, a causa de factores que no se podrían haber previsto por ningún medio racional, Control Data era una de las acciones más buscadas de la creación. Se negociaba a más de 100 dólares. El extraño cliente de Tressier entró y dijo que quería convertir sus acciones en efectivo. Tressier le extendió un cheque por algo más de 60,000 dólares. El hombre había multiplicado por 12 su dinero en medio año. Salió a la calle y Godnick & Son nunca lo volvieron a ver.

Sorprendente, ¿verdad? Pero la historia continúa. Aquí entro yo. La historia que he relatado hasta aquí me la contó Bert Godnick, el "& Son" (e hijo) de la firma, mientras cenábamos una noche en un abrevadero de Wall Street. Escuché con un especial interés personal porque ocurría que yo tenía algunos cientos de acciones de Control Data.

Yo no había sido tan intuitivo como el cliente lector de tarot de Marty Tressier. Yo no había comprado a 30 dólares. En cambio, me había trepado a bordo alrededor de los 60 dólares, cuando aumentaba el entusiasmo por la compañía y yo tuve una corazonada de que podía aumentar más. La corazonada demostró ser correcta. El precio había seguido subiendo drásticamente. El día en que me encontré con Godnick, había saltado varios puntos, aterrizando poco antes de mi posición final preplaneada, 120 dólares.

Conversamos sobre el tarot y sobre Control Data. Godnick no se mostró entusiasta cuando le dije que planeaba vender cuando el precio llegara a 120 dólares. Como especulador maduro, entendía muy bien lo de las posiciones finales, pero creía que ésta era una ocasión en la que yo debía pensar en hacer una excepción. Su corazonada era que el entusiasmo continuaría creciendo durante varios meses más. Pensaba que Control Data llegaría muchísimo más alto. Discutimos eso. Finalmente, me sugirió en broma que si yo no estaba seguro de lo que debía hacer, debía consultar mi baraja del tarot.

Por divertirme, hice exactamente eso al día siguiente.

Hay varias formas de lograr una "guía" de una baraja de tarot. Una es hacer una pregunta específica: "¿Qué debo hacer acerca de esto-y-esto?" o "¿Cuáles son las perspectivas para esto-y-esto?" Usted entonces baraja y extiende las cartas de una manera determinada y las estudia. Supuestamente, la información sobre su pregunta está contenida en el orden en que aparecen las diferentes cartas, figuras y palos, y si están con el lado correcto hacia arriba (a diferencia de las cartas de un moderno mazo de juego, las cartas con figuras del tarot tienen una parte superior y una inferior).

Hice toda la práctica con mi pregunta sobre las perspectivas de Control Data. Generalmente, las respuestas del tarot son equívocas, con muchos "quizá... pero por otra parte..." Para mi sorpresa, la respuesta que recibí en esta ocasión no tenía quizás. Ahí estaba, claramente, y decía que Control Data tenía un futuro perfectamente glorioso. Nunca había visto un tarot tan seguro de lo que quería decir.

Frank Henry se hubiera avergonzado de mí. Nunca antes en mi vida me había dejado influir en mis asuntos financieros por un convencimiento religioso o místico. Y solamente muy pocas veces antes o después he roto una promesa a mí mismo de salir de un juego al alcanzar una posición final. Pero el tarot me había enganchado. El precio de la acción llegó a 120 dólares y, en lugar de vender, me senté y observé.

En mi propia defensa diré que no me apoyé en la predicción del tarot hasta el punto de dormirme. Mantuve un estado de preocupación saludable, listo para correr a la primera señal de problemas. Pero durante semanas no apareció ninguna señal. La loca acción trepó verticalmente hasta 155 dólares.

Pero ahora yo estaba realmente preocupado. Cuando usted pasa la posición final sin salirse, siente como si hubiera gigantescas bandas elásticas que tratan de jalarlo. Cuanto más lejos corre, tanto más tirantes se ponen. Cuando la acción llegó a los 155 dólares, leí nuevamente el tarot.

Esta vez la lectura fue horrorosamente mala. Las cartas decían que más adelante había cambios violentos y fatal desventura. Inmediatamente hice lo que había querido hacer todo el tiempo: vendí.

La acción alcanzó los 160 dólares, luego se hundió. Para aquellos que todavía estaban con la inversión, fue una catástrofe. Una orden de vender tras otra empujaban el precio hacia abajo, y cada oleada desataba a otra más abajo. Cuando terminó el pánico, unos nueve meses más tarde, el precio era de 28 dólares.

¡El tarot me había salvado!

Pero, ¿era cierto? Finalmente volvía la razón. En realidad, no había ninguna evidencia de que mi buena suerte hubiera sido causada por las propiedades mágicas de las cartas. Todo lo que había pasado era que yo había tenido un par de golpes de buena suerte.

Sin duda, depender del mismo tipo de suerte en circunstancias similares en el futuro —o tener siquiera la esperanza de tenerla— sería temerario.

Podría llevar directamente a mi fracaso financiero. Al comprender eso, rápidamente retrocedí ante la oculta ilusión de orden que casi me había engañado con su apretón tranquilizante. Guardé la baraja del tarot jurando no volver a jugar con ella excepto para divertirnos en las fiestas. Respeté el juramento. Con el tiempo, hasta su uso casual perdió el atractivo. Mi interés en el tarot se desvaneció y hoy ni siquiera sé dónde está la problemática baraja.

El axioma menor dice que si la astrología fuera eficaz todos los astrólogos serían ricos. Y lo mismo pasa con los devotos del tarot. Cualquiera puede tener uno o dos golpes afortunados, pero la verdadera prueba de cualquier forma de hacer dinero con pronósticos consiste en ver si funciona constantemente. Si hubiera tenido alguna duda de que estaba en lo cierto al rechazar la ayuda de lo oculto después de esa aventura con Control Data, esas dudas se hubieran aplacado de una vez para siempre poco tiempo después.

Un día comí en Nueva York con un supuesto maestro de tarot. Él me había invitado a comer.

Estaba en el negocio de leer el tarot, y también vendía cartas y un libro con instrucciones. Al saber que yo pensaba escribir más artículos sobre el tema, vio una posibilidad de recibir algo de publicidad. Para mí estaba bien. Era un tipo interesante. Me había asegurado que el tarot era una de las mejores maneras que había en el mundo de alcanzar los objetivos financieros.

Después de comer, llegó el mesero con la cuenta. El maestro de tarot actuó como si no se hubiera dado cuenta. Finalmente, yo la tomé. Se sonrió y dijo: "Podríamos muy bien ponerla en su cuenta de gastos, ¿no?". En realidad yo entonces no tenía autorización de gastos por parte de nadie, pero lo dejé pasar.

En la acera, las cosas se pusieron todavía más divertidas. Explicándome que tenía un "problema temporal de flujo de efectivo", el maestro de tarot me pidió cinco dólares para pagar el taxi.

Nunca volví a verlo a él ni a mis cinco dólares. Pero no me apené por el dinero. Lo consideré un gasto de educación.

AXIOMA MENOR XIII

No es preciso exorcizar una superstición. Puede disfrutarla, siempre que la mantenga en su lugar

La mayoría de nosotros lleva unas pocas piezas de equipaje supersticioso consigo. Aun cuando no seamos devotos de gala de una creencia oculta como la astrología, conservamos amuletos de la buena suerte o tenemos aversión al número 13. Como hemos visto, cualquier creencia religiosa, mística o supersticiosa puede ser un serio peligro para cualquiera que quiera ser rico.

Pero si usted abriga esa creencia o semicreencia, no tiene que embarcarse en un trabajoso programa de burlas para sacarla de su vida. De todos modos, ese programa probablemente fracasaría. Si no le gusta pasar debajo de escaleras, no le gusta. En lugar de exorcizarlo, todo lo que tiene que hacer es aprender cómo y cuándo puede desempeñar razonablemente un papel en su vida financiera.

El papel será definitivamente menor, hasta trivial. Pero si a usted le gusta este asunto místico o casi místico, por lo menos podrá conservarlo como mascota.

En lo que sigue, usaré la palabra "superstición" de vez en cuando. Al usarla, no trato de ser sarcástico ni desaprobatorio. Lo que es superstición para mí puede ser religión para usted, y viceversa. Tal como se emplea aquí, "superstición" significa una creencia sobrenatural que no es compartida por todos.

Hay una *manera* de dejar entrar una superstición a su vida financiera, y hay un *momento* para hacerlo. Uno de cada uno: sólo uno. Todas las demás maneras y todos los demás momentos pueden llevarlo al desastre.

La manera de hacerlo es humorísticamente.

El momento para hacerlo es cuando se encuentra en una situación que no se presta en absoluto al análisis racional. Un ejemplo: elegir un número para jugar a la lotería o a un juego de números.

Un número es tan bueno como otro. No hay asideros para el análisis. Ninguna cantidad de meditación va a darle ni siquiera una ventaja microscópica sobre los otros jugadores. El resultado estará determinado enteramente por la casualidad. Hemos señalado que la casualidad desempeña un enorme papel en otras empresas monetarias, como el mercado de valores, pero por lo menos allí usted tiene una oportunidad de pensar un poco y tener alguna corazonada en la lucha para lograr ventajas especulativas. En el caso de un juego en el que hay que escoger un número, no existe tal oportunidad.

Entonces, ¿qué hace? Hay sólo una cosa que puede hacer: relájese. Diviértase un poco. Con una sonrisa en la cara —porque es importante no tomarse nunca en serio este tipo de enfoque—, apóyese en su superstición favorita.

Charles Kelliner, de Hilisdale, Nueva Jersey, es un hombre que toca muy bien esta tonada. Tiene su dinero en bienes raíces, un restaurante y otras empresas, y cuando se trata de todo esto, ninguna creencia sobrenatural se entromete jamás en sus cálculos. Pero cuando participa en el juego de números del estado de Nueva Jersey, se apoya en algo que él admite alegremente que es extraño: indicaciones que recibe en sueños.

En un juego de Nueva Jersey usted trata de adivinar un número de tres dígitos. Su boleto para jugar cuesta 50 centavos de dólar, y si gana, recibe 500 dólares. Durante un tiempo, Charlie Kellner había estado jugando sin éxito cuando, una noche, tuvo un sueño acerca de una casa embrujada. El número de la casa, 283, tenía cierta importancia en la trama del sueño, y Charlie descubrió que este número estaba alojado en su mente cuando despertó. No sabe por qué. No era un número que tuviera significado alguno para él. Por diversión, sin embargo, apostó al 283 en la lotería ese día, y he aquí que ganó 500 dólares.

Pocas semanas después, tuvo otro sueño, esta vez acerca de su madre. Con el mismo espíritu de diversión, al día siguiente apostó al número de una casa en la que ella había vivido una vez. Ese número también ganó.

"El es Charlie el Soñador de Tres Dígitos", dice su esposa, Dolores. "Voy a llenarlo de pastillas para dormir. Gana más dinero por hora de sueño que lo que jamás ha ganado despierto."

Charlie Kellner se divierte con sus augurios nocturnos. Desempeñan la parte más intrascendente en sus asuntos financieros. Les permite entrometerse sólo a veces, cuando está jugando con su dinero y solamente en situaciones que son imposibles de imaginar racionalmente.

Como no tiene una inclinación mental supersticiosa, no cree que realmente posea una capacidad mágica para generar sueños proféticos. Pero, aunque la tuviera —o aun— que abrigara un pequeño pensamiento que le susurrara que así podría ser no significaría ninguna diferencia para su bienestar financiero. Al usar la superstición en la manera correcta y en el momento correcto, la saca de su sistema.

Estrategia especulativa

Ahora revisemos el octavo axioma. ¿Qué tiene que decir acerca del dinero y la religión y lo oculto?

Esencialmente dice que el dinero y lo sobrenatural son una mezcla explosiva que puede estallarle en la cara. Conserve los dos mundos separados. No hay evidencia de que Dios tenga el menor interés en su cuenta bancaria; tampoco hay evidencia de que cualquier creencia o práctica oculta haya sido capaz de producir buenos resultados financieros en forma constante para sus devotos. Lo más que cualquiera haya sido capaz de demostrar jamás es un disparo en el blanco, ocasional y aislado, que recibe mucha atención pero que no prueba nada, excepto que se producen rachas afortunadas.

Esperar ayuda de Dios o de los poderes ocultos o psíquicos no sólo es inútil, sino peligroso. Lo puede adormecer hasta llegar a un estado de despreocupación, que, como hemos visto, no es un buen estado para que un especulador se encuentre en él. Al manejar su dinero, dé por sentado que está completamente solo. No se apoye en nada más que en su buen juicio.

Noveno axioma mayor

SOBRE EL OPTIMISMO Y EL PESIMISMO

El optimismo significa esperar lo mejor, pero la confianza significa saber cómo manejará lo peor. Nunca haga un movimiento si simplemente se siente optimista.

El optimismo siempre ha tenido buena publicidad. Se siente que es una característica agradable de tener. Las personas optimistas son almas alegres, buena compañía para tiempos melancólicos. Durante la Gran Depresión de los años 30, había una red nacional de Clubes de Optimistas cuya atractiva doctrina era que las cosas mejorarían con sólo que la gente *creyera* que estaban mejorando. La Depresión desapareció después de un tiempo, y algunos optimistas dijeron: "¿Vieron? ¡Funcionó! " Quizá el optimismo desempeñó un papel con la colaboración de la Segunda Guerra Mundial. Pero es mejor que sea muy cauteloso con el papel que desempeña en su vida financiera personal.

Una sensación general de esperanza y de buenas expectativas no le pueden hacer daño. "Aprenderá. Me irá bien. Lo lograré." Sin duda, sin esa ilusión fundamental, ¿cómo podría uno ser especulador? Pero sea extremadamente cauteloso con el optimismo cuando se aplica a empresas monetarias específicas. Puede ser un estado mental peligroso.

Los jugadores profesionales lo saben. Es una de sus herramientas más eficaces para vaciar los bolsillos de los aficionados.

En el póker, si un profesional llega a la situación en la que las probabilidades dicen que no debe apostar, no apuesta. Se retira. Esto significa que debe abandonar lo que ha contribuido al pozo, pero lo salva de una pérdida mayor.

En la misma situación, el optimismo aturde al aficionado. "Quizá tenga suerte", piensa. "Quizá saque mi carta... Quizá el tipo que está al otro lado de la mesa está haciendo *bluff* con su escalera..."

Por supuesto, de vez en cuando el aficionado tiene suerte. Lo que las probabilidades decían que no pasaría, pasa. El aficionado derrota las probabilidades con la suficiente frecuencia como para mantener ese loco optimismo. Y él sigue invirtiendo su dinero en manos perdedoras. Usted puede derrotar las probabilidades de vez en cuando, pero no constantemente. A menudo, cuando las probabilidades dicen que tiene una mano perdedora, es perdedora. El profesional, que sabe esto, y que sabe cuán fácilmente puede persuadirse al tonto optimista para que apueste cuando no debe, se hace rico.

El profesional no tiene optimismo. Lo que tiene es confianza. La confianza surge del uso constructivo del pesimismo.

Un optimista, al descender al valle de las sombras, adopta una sonrisa valiente y dice: "Las cosas nunca son tan malas como parecen". O en lugar de decirlo, lo canta. Se han escrito casi tantas canciones sobre ese tema como sobre el amor no correspondido. Ciertamente es un lindo tema, pero no permita jamás que se mezcle con su filosofía financiera. En póker, y en un montón de otros mundos especulativos, las cosas casi siempre están tan mal como parecen. Muchas veces, están peor. Por lo menos están peor tantas veces como están mejor. Puede apostar a mejor si quiere, pero en ausencia de evidencia tangible en contrario, usted es súper optimista. Casi siempre, el rumbo más seguro es suponer que, si una situación se ve mala, es mala.

El axioma señala: "Nunca haga un movimiento si simplemente se siente optimista". En cambio, busque la confianza. La confianza no proviene de esperar lo mejor, sino de saber cómo manejará lo peor.

El profesional de póker sabe lo que va a hacer si las cartas salen en su contra. Por supuesto, espera que no, pero no deja que su destino dependa de esa esperanza. Entra al juego entrenado y preparado para actuar sensatamente en caso de que su suerte en la mano sea mala. Esto es lo que significa el pesimismo constructivo.

En contraste, veamos la triste saga de un joven matrimonio que pensó que el optimismo era suficiente. Los llamaremos Sam y Judy, que no son sus nombres verdaderos. Una agente de bienes raíces del área suburbana de San Francisco me contó su historia.

Sam y Judy eran muy representativos de la generación llamada a veces de *yuppies*, jóvenes profesionales urbanos. Sam trabajaba en publicidad, Judy era pediatra residente en un hospital. Ambos albergaban grandes sueños. Sam quería fundar su propia agencia de publicidad algún día, mientras que Judy planeaba dedicarse a la práctica privada. Como poseían una saludable vena de codicia, hablaron francamente de enriquecerse. Para apresurar ese día, comenzaron pronto en su vida matrimonial a arriesgar su dinero ahorrado.

Al principio, no les había ido demasiado mal, considerando su falta de habilidad como especuladores. La suerte había estado de su parte. Durante un periodo de varios años, lograron duplicar su canasta de huevos, que, cuando se casaron, consistía en cuentas de ahorro que totalizaban alrededor de 12,000 dólares. La habían aumentado a 25,000 dólares o algo así. Después, se acabó su suerte.

Se enteraron de un gran desarrollo de tierras en un estado del suroeste. Se ofrecían lotes de varios tamaños, desde media hectárea hacia arriba, para construir casas o para invertir. Sin embargo, la corporación que hacía el desarrollo se había extendido excesivamente. Se habían construido caminos y se habían tendido líneas de servicios en un área del vasto terreno, como se prometía, pero luego la compañía se había quedado sin dinero. Gran parte del terreno no era sino una extensión semidesértica.

Para reunir el dinero que necesitaba desesperadamente, la corporación había rebajado progresivamente el precio de los lotes de la parte sin mejorar. Los lotes distantes se ofrecían a precios que parecían sorprendentemente bajos cuando se los comparaba con los precios del segmento mejorado.

Sam y Judy estudiaron esta interesante situación con mucho entusiasmo. Usando la mayor parte de los huevos de su canasta, podían comprar una gran superficie en esa área distante. Llegado el momento, al revender los lotes, podían duplicar o triplicar su dinero en un corto plazo... *si*.

Si se llegaban a construir los caminos prometidos. Y si las líneas de servicios llegaban alguna vez al área distante.

Era un juego sobre el destino de la corporación de desarrollo. Si la compañía recuperaba su salud, y si varias cuestiones legales se resolvían en su favor, y si una cantidad de otras cosas, entonces, en su momento, los caminos y los servicios se abrirían paso hasta los lotes que Sam y Judy estaban mirando. Pero si las cosas iban mal, esos lotes podrían ser una extensión inaccesible para siempre.

Por supuesto, los folletos de venta y los vendedores de la compañía hacían promesas, o para decirlo con más exactitud, murmuraban frases alentadoras que sonaban como promesas, pero que legalmente no obligaban a la compañía a hacer nada: "Se espera... los directores creen..." Sam y Judy no eran suficientemente ingenuos como para que esto los atrapara. Estaban conscientes de los riesgos. La corporación podía quebrar. O simplemente los accionistas podían votar por su disolución, tomar el dinero que quedaba y desparramarse como semillas en el viento. En ese caso, la tierra de Sam y Judy valdría aún menos que el precio de ganga que estaban pagando por ella. Hasta podría resultar simplemente invendible. Su dinero podía quedar atrapado allí por el resto de sus vidas.

Y pensaron que valía la pena correr el riesgo. Fueron optimistas.

No tiene nada de malo correr un riesgo, por supuesto. Apostar el dinero en una empresa cuyo resultado no se puede prever es la base de toda especulación. Como hemos aprendido al estudiar otros axiomas, casi todas las empresas tienen resultados imprevisibles. No hay patrones confiables en los asuntos humanos. No se puede confiar en ningún pronóstico. Ya sea que esté comprando acciones de IBM o tierra sin desarrollar, aun así está jugando. Al arriesgar su dinero con la esperanza de obtener una ganancia, Sam y Judy no estaban haciendo nada que no hagan diariamente esas personas supuestamente prudentes de Wall Street, a quienes les gusta llamarse a sí mismas "inversionistas".

Pero Sam y Judy cometieron un error fundamental. No fueron suficientemente pesimistas. No preguntaron cómo podrían salvarse si las cartas salían en su contra.

Comprar acciones de IBM es un juego, pero hay una forma de salvarse si las cosas salen mal. Usted vende. Señalamos en el tercer axioma que vender no es lo más fácil del mundo, pero por lo menos usted tiene abierta la posibilidad de hacerlo. Siempre habrá alguien a quién venderle, porque siempre hay alguien que sirve de mercado para las acciones de IBM. Al entrar a esta aventura, usted puede marcar la salida: "Saldré si el precio cae a esto-y-esto".

Saber cómo va a manejar lo peor: esto es confianza. Sam y Judy podrían haberse hecho una salida para sí mismos si hubieran sido menos optimistas. La tierra que estaban mirando estaba a más de un kilómetro y medio del segmento desarrollado, donde terminaban los caminos pavimentados. Esta distancia era parte de la razón por la que el precio era extremadamente bajo. También se vendían otros lotes sin desarrollar, más cercanos al sector desarrollado y con un precio correspondientemente más alto. Sam y Judy podrían haber comprado algo de esta tierra de mayor precio. Luego, si la corporación no cumplía sus promesas, podrían haber hecho que su tierra fuera útil y vendible al construir su propio camino de acceso, relativamente corto.

Si hubieran tenido que hacerlo, hubieran salido de la empresa con una pérdida. Pero por lo menos hubieran podido salir.

En lugar de pensar sobre esa lúgubre posibilidad, apostaron solamente a su optimismo. La situación les parecía prometedora. Si la corporación de desarrollo se recuperaba de sus dificultades y realizaba los planes que había anunciado, y Sam y Judy encontraban todas las razones para creer que así sería, ellos y otros propietarios de lotes distantes iban a obtener ganancias exorbitantes. Y de ese modo Sam y Judy entraron a una empresa que no tenía salida.

Esto pasó hace muchos años. La corporación ya no existe. Tampoco los caminos y líneas de servicios prometidos. La oficina del procurador general del estado ha tratado de seguir el rastro de los principales miembros de la compañía y obligarlos a rendir cuentas, pero hasta ahora con poco éxito. Mientras tanto, Sam y Judy están atascados con un lote de tierra al que sólo se puede llegar a pie o a caballo y que es posible que así quede.

Nunca lo venderán. Ellos y otros propietarios de lotes distantes han hablado sobre compartir el costo de los caminos de acceso y de los servicios, pero nunca se hace nada. Los costos proyectados son altos, y mientras algunos propietarios parecen dispuestos a pagar su parte, otros no. Sam y Judy, traicionados por el optimismo, están en lo que podría ser una trampa para toda la vida.

Una razón por la que el optimismo es tan traicionero es que se siente como algo bueno. Se siente mucho mejor que el pesimismo. Tiene una atracción hipnótica. Es como las sirenas de la antigua leyenda griega, cuyo dulce canto atraía a los marinos a morir contra las rocas.

Cualquier empresa, cuando usted la inicia, tiene un número ilimitado de futuros posibles, algunos buenos y algunos malos. Los buenos y los malos son igualmente probables. Es tan probable que usted vaya hacia arriba como hacia abajo. Pero ¿qué clase de resultado usted *siente* que es el más probable? El bueno, por supuesto.

El optimismo es completamente humano y probablemente incurable. Atisbando a ciegas hacia un futuro impenetrable, esperamos lo mejor y nos convencemos de ello. Quizá la vida sería imposible sin optimismo. La especulación también sería imposible. El propio acto de apostar dinero es una especie de declaración optimista acerca de un resultado que no se puede conocer. Esta es la paradoja: el optimismo, que se siente tan bueno y que quizá hasta sea necesario, puede conducir a la ruina financiera si se le permite salirse de control. No sólo conduce al tipo de fracaso de Sam y de Judy, sino que es una de las causas principales de un razonamiento imperfecto y generalizado. Cada día de actividad en Wall Street es un ejemplo. No importa lo que esté haciendo la bolsa de valores cualquier día determinado, siempre hay optimistas por ahí diciendo que el próximo gran mercado alcista comenzará la próxima semana. También hay pesimistas diciendo que no. ¿A quiénes se escucha? Con mayor frecuencia a los optimistas, porque su canto es el más dulce.

Puede comprobarlo por sí mismo. Los grandes periódicos financieros, como el *Wall Street Journal* y el *New York Times*, publican columnas con noticias, rumores y opiniones relacionados con la bolsa de valores todos los días. Los periodistas que escriben estas columnas toman el teléfono cada tarde, cuando los mercados han cerrado. Hacen llamadas a corredores, analistas y otros que se puede esperar que hagan comentarios con conocimiento sobre las negociaciones del día. Cada periodista tiene una lista de personas favoritas a las que se puede abordar con este propósito. ¿Sobre qué bases decide el periodista a quién llamar? ¿Qué es lo que califica a alguien para que ocupe un lugar en el tope de una de estas listas? Principalmente tres cosas: que sea accesible, que sea claro y que sea optimista.

De acuerdo con mi propia cuenta informal, hecha a lo largo de los años, por lo menos tres cuartas partes de las lecturas sobre el mercado que se incluyen en estas columnas son optimistas. Ésta es una muestra decididamente desequilibrada, pues, desde el punto de vista de cualquier día determinado, el futuro del mercado es tan probable que sea malo como bueno. Debería haber un número casi igual de alzas y bajas. Pero si nos dejamos llevar por las columnas de los periódicos, las alzas son decididamente mayoría. ¿Por qué? Hay dos explicaciones:

Primero, las alzas, en realidad, superan a las bajas, y por un gran margen. Por supuesto, la razón es que el optimismo se siente mejor que el pesimismo. De modo que aunque un periodista concienzudo diera vueltas buscando un número igual de bajas que de alzas, con el objeto de escribir un informe cuidadosamente equilibrado, lo frustraría el hecho de que es considerablemente más fácil encontrar las alzas.

Segundo, los periodistas financieros generalmente no buscan una igual representación de alzas y bajas, en ningún caso. ¿Por qué no? Porque prefieren entrevistar a los alcistas. El canto es más dulce. De modo que, aunque hubiera igual número de las dos especies dando vueltas por Wall Street, aun así los alcistas estarían representados excesivamente en los informes.

Los más alcistas de los alcistas son citados una y otra vez por todos. Hay un hombre cuyo nombre aparece en los informes sobre negocios de los periódicos, radio o TV, por lo menos una vez cada quincena. Es un funcionario de una de las casas de agentes de bolsa más grande y más antigua de Wall Street. Es una persona tan amistosa, y el canto que canta es tan hermoso, que no quiero incomodarlo ni opacar su imagen nombrándolo aquí. Uno siente que sería un pecado arriesgarse a arruinar esa música.

Los periodistas siguen acudiendo a él porque es un optimista empedernido. El hecho de que casi siempre esté equivocado no parece alterar a nadie ni disminuir su atractivo. Durante todo 1980 y 1981 se mantuvo prediciendo tenazmente que estaba por comenzar un mercado alcista. No fue así, pero los periodistas seguían citándolo. Finalmente, tuvo razón en agosto de 1982. El mercado alcista llegó, y luego desapareció en la primavera de 1983. No importa, dijo esta alma alegre, ¡todo lo que estamos viendo es una pausa temporal en el mercado alcista! Continuó diciendo que el Indice Industrial Dow Jones pronto llegaría a 1,300. No fue así. En el primer trimestre de 1984 se deslizaba hacia 1,100. Pero esto sólo hacía que el citado individuo atizara aún más su optimismo. Todo lo que se necesitaba era un buen día en el mercado para convencerlo de que el paraíso estaba al alcance de la mano. A comienzos de abril, después de semanas y semanas de oscuridad, el Dow saltó unos 20 puntos en un día de transacciones. El *New York Times* citó al optimista diciendo que éste era el comienzo de la segunda gran etapa del mercado alcista.

Al día siguiente, el Dow perdió casi la mitad de su avance de 20 puntos. Al día siguiente a ése, perdió el resto.

La prometida "segunda etapa" parecía demorarse un poco. Pero esto no pareció perturbar al optimista ni disminuyó el número de llamadas telefónicas que le hacían los periodistas. Una semana o algo así después, estaba cantando su alegre canción al oído y máquina de escribir de un reportero del *Wall Street Journal*.

Así es como funciona la exasperante psiquis humana. Nos atraen el optimismo y los optimistas. Ellos abiertamente no saben más acerca del futuro que los pesimistas; tampoco podemos jamás suponer, al elegir entre los dos, que sea objetivamente más valioso escuchar a los optimistas. Sin embargo, como va a aprender si es que no lo ha aprendido ya, son los optimistas a quienes preferiría prestar atención.

Hay optimistas a su alrededor, e indudablemente hay uno, muy insistente, dentro de su cabeza. Cuidado con todos ellos. Pueden confundir su buen juicio hasta un grado alarmante.

En la vieja leyenda, Odiseo hizo que su nave pasara junto a las sirenas con toda seguridad, tapando los oídos de sus tripulantes con cera y haciendo que lo ataran a él al mástil.

Una defensa así no es eficaz contra la canción del optimista. Nunca podrá bloquear enteramente la canción, porque usted, después de todo, es humano. Lo que puede hacer es estar alerta ante la desviación optimista de su brújula interna y ante sus peligros.

Cuando se sienta optimista, trate de juzgar si ese sentimiento agradable está realmente justificado por los hechos. Por lo menos la mitad de las veces no será así.

Estrategia especulativa

El noveno axioma advierte que el optimismo puede ser un enemigo del especulador. Se siente agradable y es peligroso por esa misma razón. Produce un oscurecimiento general del juicio. Puede conducirlo a empresas que no tienen salida. Y aun cuando haya una salida, el optimismo puede persuadirlo de que no la use.

El axioma dice que nunca debe hacer una maniobra si sólo se siente optimista. Antes de comprometer su dinero en una empresa, pregunte cómo se va a salvar si las cosas salen mal. Una vez que haya concebido eso claramente, usted tendrá algo mejor que el optimismo.

Tendrá confianza.

Décimo axioma mayor

SOBRE EL CONSENSO

Ignore la opinión de la mayoría.
Probablemente está equivocada.

René Descartes fue el campeón mundial de los escépticos. Tercamente se rehusaba a creer en algo hasta que lo hubiera verificado por sí mismo. Éste fue uno de los rasgos que lo hicieron un jugador-especulador de éxito. Murió hace más de 300 años, pero puede ser muy beneficioso para cualquier especulador moderno —y al mismo tiempo pasará muchas noches agradables— leer las obras de este hombre atractivamente feo con negros ojos observadores, de la nariz como una luna creciente y el intelecto gigante.

Descartes comenzó su filosofía dudando literalmente de todo, incluyendo la existencia de Dios, del hombre y de sí mismo. Esto enfureció a las autoridades religiosas de su natal Francia, de manera que huyó a Holanda. Siguió rechazando lo que otros le decían que era verdad, y buscó formas de descubrir la verdad por medio de sus propios sentidos y experiencias. Por último, dio con algo que él consideró como una verdad básica e indiscutible: *Cogito, ergo sum.* "Pienso, luego existo." Habiéndose así satisfecho a sí mismo de que no era sólo un fantasma de su propio sueño, pasó a verificar o a rechazar otras verdades consagradas. En el proceso, hizo contribuciones importantes a las matemáticas y construyó una filosofía que, por la pura lucidez de pensamiento, no ha sido superada en tres siglos (por lo que a mí respecta, ni siquiera ha habido competidores cercanos). Y también en el proceso, parte como afición y parte porque le gustaban los vinos costosos y otros lujos, Descartes hizo un estudio científico del juego.

En la primera mitad del siglo XVII había sólo unas pocas y escasamente organizadas lonjas de acciones y de productos. A Descartes le fascinaba el mercado de Amsterdam, grande y animado, pero no se sabe si arriesgó algo allí, y cuán grandes serían esos riesgos. Lo que se sabe es que a menudo viajaba a París, a veces bajo una falsa identidad para evitar el arresto por herejía, y jugaba.

Existían varios juegos de cartas, de tablero y de ruleta, listos para quitarle el dinero a los tontos. Descartes disfrutaba los juegos cuyos resultados, como los del bridge o póker moderno, no sólo dependían de la suerte, sino también de cómputos matemáticos y de la psicología. Estudió los juegos con su acostumbrado cuidado y escepticismo, rechazando todos los clichés del juego y la sabiduría popular de su tiempo, insistiendo en establecer por sí mismo lo que era verdad o falacia. Parece que siempre regresó de París más rico de lo que había llegado, a veces mucho más rico.

Aunque su único medio visible de sostén a lo largo de la mayor parte de su vida adulta era una pequeña herencia que recibió de su padre, murió cómodamente rico.

Dijo una y otra vez, en todo tipo de contexto, que el truco consiste en ignorar lo que todos le dicen a uno, hasta que uno mismo lo haya pensado. Puso en duda las verdades expuestas por los sedicentes expertos, y se rehusó inclusive a aceptar las opiniones de la mayoría. "Apenas algo ha sido pronunciado por una (persona instruida) que lo contrario no haya sido afirmado por otra", escribió. "Y de nada serviría contar los votos... porque cuando se trata de una cuestión difícil, es más probable que la verdad haya sido descubierta por unos pocos que por muchos."

Fue con esta visión del mundo, quizá arrogante y ciertamente solitaria, que René Descartes se acercó a las mesas de juego de París y se alejó rico de ellas. Si usted va a tener éxito como especulador, le convendría escuchar las palabras de este hombre duro, perspicaz.

En nuestra era democrática, en nuestro lado democrático del mundo, con frecuencia tendemos a aceptar sin crítica las opiniones de la mayoría. Si un montón de gente dice que algo es así, bueno, está bien, es así. Así es como funciona nuestro razonamiento. Si usted no está seguro de algo, haga una encuesta. Nos meten en la cabeza desde la escuela primaria que las mayorías tienen razón. Es casi una religión en los Estados Unidos y en otras naciones occidentales, particularmente en aquéllas como Francia y Gran Bretaña, con una larga historia de decisión de los asuntos públicos por medio del voto popular. Si 75 por ciento de la gente cree algo, parece casi sacrílego preguntar, aunque sea en un susurro, "Eh, un minuto, ¿no podrían estar equivocados?"

Escuche a Descartes. Podrían.

En los Estados Unidos decidimos quién nos va a gobernar por medio del voto. Es la única forma correcta de hacerlo. Por lo menos es la única forma que cualquiera de nosotros todavía defendería. Desde los años de la escuela nos entrenan para aceptar la voluntad de la mayoría. A menudo nos quejamos de esta voluntad —siempre nos pueden escuchar, agitados y echando pestes, cuando pierde nuestro candidato—, pero, en el fondo, detrás de todo el sonido y la furia, usted siempre podrá oír el *leit motiv* democrático: "El pueblo ha hablado. No puedes engañarlo. Si esto es lo que quiere, debe ser lo correcto".

Esa humilde aceptación de la opinión de la mayoría se derrama sobre nuestra vida financiera. No sólo escuchamos a los economistas, banqueros, agentes de bolsa, asesores y otros expertos, sino a las mayorías. Esto nos puede costar dinero porque, como decía Descartes, es más probable que la verdad haya sido descubierta por unos pocos que por muchos.

Los muchos pueden tener razón, pero hay más probabilidades de que no sea así. Abandone el hábito de suponer que cualquier afirmación que se escucha con frecuencia es la verdad. "Los altos déficit presupuestarios serán la ruina de los Estados Unidos", dice casi todo el mundo. ¿Es cierto? Quizá, quizá no. Analícelo por usted mismo. Llegue a su propia conclusión. "Las tasas de interés y de inflación aumentarán al avanzar la década." Oh ¿sí? No lo trague. Examínelo. No permita que la mayoría lo empuje.

En nuestros estudios sobre otros axiomas hemos observado muchas cosas que afirma la mayoría. Es mejor pájaro en mano que ver cien volar. Arme una cartera diversificada. Apueste solamente lo que pueda permitirse perder. Etcétera. Todas estas muestras de supuestamente sabios consejos están incrustadas en la conciencia popular. Sólo necesita sacar el tema de la inversión en cualquier cocktail o en un círculo de café para escuchar que se repiten los antiguos tranquilizantes. Y cuando se pronuncia cada viejo y mohoso sermón, todos los que escuchan asentirán con la cabeza, sabiamente: "Sí. ¡Muy cierto! ¡Excelente consejo!"

La mayoría de las personas cree que los antiguos clichés son verdades indiscutibles. A la luz de esto, puede ser instructivo hacer notar que la mayoría de las personas no es rica.

AXIOMA MENOR XIV
Nunca siga modas especulativas. Con frecuencia, el mejor momento para comprar algo es cuando nadie más lo quiere

La presión de la opinión de la mayoría es especialmente molesta cuando se trata de cuestiones como en qué invertir y cuándo invertir. Es entonces cuando muchos especuladores, por otra parte inteligentes, permiten que los empujen, con resultados nada beneficiosos.

Tomemos como ejemplo la bolsa de valores. ¿Cuándo es el mejor momento para comprar una acción? Cuando el precio es bajo, por supuesto. ¿Y cuándo es el mejor momento para venderla? Bueno, cuando el precio es alto, naturalmente. Los niños aprenden esto en economía de séptimo año, y aunque nadie se los enseñara, lo imaginarían por sí mismos.

Lo que, general no aprenden hasta su edad adulta es que esta fórmula en apariencia fácil es sorprendentemente difícil de poner en práctica. Es difícil, en gran medida, porque requiere que el especulador actúe contra la presión de la opinión popular.

Como regla general, el precio de una acción —o de cualquier otra entidad especulativa con fluidez en el precio— cae cuando una cantidad importante de personas llega a creer que no vale la pena comprarla. Cuanto menos apetitosa la consideran, más bajo cae el precio. De ahí la gran paradoja que no se enseña en séptimo año: el momento para comprar es precisamente cuando la mayoría de la gente está diciendo: "¡No compres!"

Y lo contrario es cierto cuando llega el momento de vender. El precio de una entidad especulativa aumenta cuando una gran cantidad de compradores la reclaman. Cuando todos los demás estén gritando: "¡Dénme!", usted debe estar serenamente parado del otro lado del mostrador diciendo: "Con gusto".

Veamos un ejemplo específico. A comienzos de esta década la industria automotriz cayó en un pantano de problemas sumamente difundidos. Los problemas eran severos y, hasta donde cualquiera podía ver, insolubles. Todo Detroit contemplaba un futuro que parecía el fondo del infierno. Se hablaba de quiebras generalizadas entre fabricantes de automóviles y proveedores. Cerró planta tras planta. Miles de trabajadores se encontraron en las calles sin paga. En un esfuerzo desesperado por conservar fondos para la operación, la poderosa GM partió sus dividendos de 1979 a 1981, y al año siguiente Ford no pagó dividendos.

La opinión de la mayoría —desde las salas de los sindicatos de Detroit hasta los clubes y abrevaderos de Wall Street— era que la industria automotriz estaba empantanada y que no iba a salir durante mucho, mucho tiempo. La mayoría decía que cualquiera que comprara acciones de la industria debía hacerse examinar la cabeza. Las acciones, que nadie quería, descendieron catastróficamente. Usted podría comprar acciones comunes de GM a 34 dólares en 1981 y 1982 —el precio más bajo en 20 años— y muchos sabios predijeron que bajarían aún más. Las acciones de Ford (ajustándose a una partición de 2-a-3 en 1983) podían obtenerse en aquellos malos años en 11 dólares.

Tal como resultó, a quien haya ignorado la opinión de la mayoría en aquellos años le fue muy bien. Las acciones de GM, que hasta mediados de 1982 se podían comprar en 34 dólares, más o menos, se dispararon a 80 en 1983. Ford más que se cuadruplicó, de 11 a 46 dólares y fracción.

Los problemas de la industria habían sido de menor duración de lo que la mayoría de la gente pensó que era posible. Los especuladores que ganaron dinero con esta situación fueron aquellos que ignoraron lo que estaban diciendo todos los demás y pensaron las cosas por sí mismos.

Pero es notablemente difícil pensar "sí" cuando todos a su alrededor están gritando "¡no!". Algunos especuladores consideran que este es uno de sus peores problemas. Las mayorías siempre los están disuadiendo de realizar buenos movimientos.

Le sucedió a mi esposa durante el trastorno de la industria automotriz. Unos certificados de depósito a seis meses se vencían a comienzos de 1982. Ella tenía una corazonada con Ford, que entonces estaba, como hemos señalado, hundida. Le gustaban los automóviles Ford, continuamente escuchaba a otras mujeres que los alababan, y creía que el llanto y crujir de dientes de Detroit se debían en parte a un ataque de autocompasión y pánico que pronto pasaría. Y, por lo tanto, le habló a su corredor de bolsa para comprar algunas acciones de Ford.

Él se rió de ella.

Era un hombre inmerso hasta las orejas en la opinión de la mayoría. Era capaz de documentar abundantemente esa opinión. Relatos de periódicos, informes de analistas y, por supuesto, el propio precio, bajo, de las acciones: todos cantaban juntos en un poderoso coro: "¡No compres!"

Por lo tanto, ella no compró. Eso era insólito en ella. En la mayoría de las situaciones, es muy capaz de pensar independientemente hasta llegar a sus propias conclusiones. Pero, en este caso, la presión de la mayoría era muy intensa como para resistirla.

La presión de la mayoría no sólo puede vencer una buena corazonada, incluso puede hacernos dudar de nosotros mismos cuando *sabemos* que tenemos razón. Acostumbraban demostrar esto en el departamento de psicología de la Universidad de Princeton. El experimento era desagradable, pero sorprendentemente eficaz. Alrededor de una mesa se reunían de ocho a diez personas. En el centro de la mesa había media docena de lápices de distintos colores. Todos los lápices eran exactamente de la misma longitud, excepto uno. Ése —diremos que el rojo— era evidentemente más corto que todos los demás.

Se le pedía a las personas que estaban alrededor de la mesa que votaran sobre la longitud de los lápices. La mayoría —todos menos una desconcertada persona— expresaba una opinión claramente equivocada, que contrariaba la evidencia de los ojos. Decían que los lápices eran todos del mismo largo.

Por supuesto, la mayoría estaba aleccionada y participaba en la trampa. Todos estaban confabulados excepto uno. El objeto era ver cómo reaccionaría esa persona.

En cerca de un tercio de las pruebas, el que no estaba confabulado padecería un colapso moral y se plegaría a la opinión de la mayoría. Contra la evidencia que estaba abiertamente ante sus ojos, él o ella se retorcía, se ponía nervioso, suspiraba y finalmente decía: “Sí, está bien, supongo que el resto de ustedes tiene razón, esos lápices son todos del mismo largo”.

Discutir con una mayoría es tremendamente difícil. Es difícil aun cuando la discusión verse sobre cuestiones concretas que pueden verificarse mirando o midiendo. Es muchísimo más complicado cuando la discusión versa sobre cuestiones de opinión que no se pueden someter a ese tipo de verificación rápida. Casi todos los asuntos del mundo del dinero pertenecen a esta última variedad.

Hasta donde sé, no hay ningún curso para aumentar la musculatura mental de modo de fortalecer su capacidad para resistir la presión de la mayoría. A veces, en algunas cenas, deliberadamente me convierto en una minoría de uno al expresar alguna opinión tonta que sé que hará que todos comiencen a castigarme. "La guerra nuclear puede ser menos horrorosa que esas guerras antiguas en que te daban un tajo con la espada", o algún disparate similar. Es realmente estimulante tratar de defenderme contra una mayoría enfurecida en un caso así. Pero si eso lo va a fortalecer para la próxima vez que usted quiera comprar una empantanada Ford, no sé.

Probablemente la mejor defensa contra la presión de la mayoría es la simple conciencia de que existe y de que tiene poder de coerción. A menudo, los especuladores novatos parecen carecer de esta conciencia. Un novato puede ser aplastado por una mayoría sin ni siquiera darse cuenta de lo que está pasando.

Así, usted siempre encontrará novatos en los rebaños de personas arrastradas por modas especulativas. Cuando el oro es la "especulación del mes" —cuando todos hablan de él, cuando cada columnista financiero escribe tenazmente acerca de él—, es entonces cuando los especuladores recién nacidos se lanzan de cabeza y compran. Es entonces, también, cuando es probable que el precio del oro llegue a ser artificialmente alto, pero parece que a la gente le lleva mucho tiempo comprenderlo. De manera similar, cuando las compañías de pequeño capital y alta tecnología son la moda en Wall Street (y cuando el precio de sus acciones se va a los cielos), es entonces cuando los recién nacidos hacen cola para agregar su dinero a la pila que un día se hará humo.

Al novato lo empujan sin que él sienta el empujón. Él o ella no se detiene a preguntarse: "¿Estoy tomando esta decisión porque es una decisión inteligente o porque una mayoría *dice* que es inteligente?" Ésa es una pregunta que Descartes se hubiera hecho. Si él hubiera invertido en oro o en alta tecnología, sólo lo hubiera hecho por sus propias razones, sin importarle lo que el rebaño estaba haciendo o diciendo.

En su esfuerzo por resistir la presión del rebaño, también tendrá que enfrentar las presiones para vender de los agentes y de otros que esperan sacar provecho de sus maniobras especulativas. Estas personas al servicio de la especulación, que buscan sus comisiones y honorarios, tienden a empujar lo que esté de moda en el momento, lo que haga cosquillas en la fantasía del público, lo que esté a precios altos. Si usted es un especulador activo, siempre estará bombardeado con anuncios, pláticas de ventas, y otras lisonjas para que compre lo que está comprando la mayoría.

No es que las personas al servicio de la especulación abriguen un malicioso deseo de verlo pobre. Al contrario, prefieren verlo rico, en parte porque eso significa potencialmente honorarios más altos para ellos, y en parte porque son humanos igual que el resto de nosotros: prefieren recibir sonrisas. Aun así, igual que cualquiera que vende cualquier cosa, deben prestar atención a lo que el público quiere.

El público casi siempre quiere oro durante las recesiones, por ejemplo. Se siente que el metal amarillo guarda el valor en tiempos en que las economías nacionales, las divisas, las bolsas de valores y otras estructuras monetarias presentan cuarteaduras y filtraciones. Durante un periodo oscuro como los comienzos de la década de 1980, el precio del oro tiende a saltar porque grandes cantidades de personas están comprándolo.

Como hemos discutido, ése es exactamente el momento en que usted debería ser más cauteloso para hacer lo mismo. Pero también es el momento en que la presión para vender oro alcanza su máximo. A comienzos de los 80, los periódicos estaban llenos de avisos ofreciendo oro en barras, monedas y medallones.

Los corredores pregonaban las acciones de compañías mineras de oro, tal como Homestake. Los fondos mutuales que se especializaban en inversiones relacionadas con el oro, enviaban carretadas de prospectos y folletos. Los servicios de asesoría ofrecían informes acerca del oro y profecías relacionadas con él.

Si usted quería poner su dinero en oro o en cualquier inversión ligada al metal, todo lo que debía hacer era llamar gratis por teléfono a una docena de números, y un equipo de felices operadores estarían esperando para tomar su orden.

Pero, a finales de 1983, cuando las condiciones económicas se veían más color de rosa y el precio del oro había bajado, usted tenía que buscar intensamente para encontrar a alguien que le vendiera un medallón de oro.

Nada de esto quiere decir que usted debe hacer siempre y automáticamente lo que mayoría no está haciendo. Solamente significa que usted debe resistir tercamente la presión de la mayoría en lugar de dejarse llevar por ella. Estudie por sí mismo cada situación, procésela a través de su propio y buen cerebro. Las posibilidades son de que descubrirá que la mayoría está equivocada, pero eso no sucede siempre. Si decide que todos los demás tienen razón, entonces, por favor, marche con la mayoría. El punto es el siguiente: haga lo que haga, ya sea que apuesta junto con el rebaño o en contra de él, primero piénselo en forma independiente.

Hay especuladores que hacen un dogma de apostar automáticamente en contra de la mayoría. Se llaman a sí mismos pensadores contrarios o "contreras". Su filosofía se deriva de la paradoja que hemos estado viendo: que con frecuencia el mejor momento para comprar algo es el momento en que parece menos atractivo. Así, usted encontrará a contreras comprando tenazmente acciones en el negro pozo de una depresión, comprando oro en el soleado tope de un boom, comprando pinturas de tal o cual escuela cuando todos los demás las están usando para envolver cosas congeladas.

El problema con el contrerismo es que comienza con una buena idea, pero luego la endurece convirtiéndola en una grandiosa ilusión de orden. Es cierto que el mejor momento para comprar algo puede ser cuando nadie más lo quiere. Pero comprar automática e insensatamente por esa única razón —comprar sólo porque nadie quiere esa entidad— parece casi tan tonto como apostar sin pensar junto con el rebaño.

El rebaño no *siempre* está equivocado. Si el valor de mercado del arte de Basurikis cae a 10 centavos el metro cuadrado, podría ser una buena oportunidad para comprar. Por el contrario, quizá el rebaño tiene razón al esquivar esas gomosas extensiones de pintura al óleo. Quizá nunca sirvan sino para envolver pescado.

Casi todos esquivaban las acciones de Chrysler en los primeros años de la década, y en mi opinión, con toda razón. Si en aquel entonces era arriesgado poner dinero en las acciones bajas de GM o de Ford, era un juego completamente loco comprar Chrysler. La compañía tenía un pie en la tumba. Un préstamo del gobierno, acremente discutido, conservó viva a la agonizante corporación, pero el pronóstico a largo plazo era sombrío. Durante la mayor parte del periodo 1980-1982 se podía comprar cada acción por tres o cuatro dólares. Al hacer un juicio tan poco entusiasta sobre Chrysler, el rebaño estaba reconociendo una realidad objetiva: las posibilidades de recuperación de la compañía eran menos que escasas. Chrysler parecía un caso desahuciado.

Hoy, por supuesto, podemos mirar hacia atrás con la visión total de lo retrospectivo, y ver que el juicio popular era demasiado pesimista. Contra todas las probabilidades, Chrysler luchó para volver a la salud. La acción se negociaba a más de 35 dólares a fines de 1983. Al comprarla al mínimo un año y medio antes, usted podría haber decuplicado su dinero.

Eso no cambia el hecho de que la acción, mirada desde el punto de vista de 1981, tenía pocas, muy pocas, probabilidades. La mayoría de los especuladores, al esquivarla, estaba actuando en forma perfectamente razonable. Éste fue un caso en que el tipo de apuesta del contreras, automáticamente en contra de la mayoría, hubiera parecido muy temerario.

Ése fue un caso, sin duda, en el que podría haber parecido sensato hacer una excepción al axioma menor 1 que aconseja que uno siempre debe jugar por apuestas significativas. Una apuesta a Chrysler hasta mediados de 1982 hubiera sido como comprar un número de lotería o entrar a una rifa. Sabiendo que las probabilidades son de un millón a uno en contra suya, usted apuesta un par de dólares para divertirse. Si el Congreso hubiera aprobado una ley en 1981 que exigiera que cada contribuyente invirtiera en Chrysler, yo hubiera comprado una acción.

Bueno, quizá cien. Es lindo soñar con multiplicar por diez el dinero de uno en un año y medio.

Estrategia especulativa

El décimo axioma enseña que una mayoría, aunque no siempre y automáticamente equivocada, es más probable que esté equivocada que en lo correcto. Tenga cuidado de apostar sin pensar ya sea *con* la mayoría o en su contra, pero en particular lo primero. Analice todo por sí mismo antes de arriesgar su dinero.

Las presiones más grandes sobre usted, y las que sentirá con más frecuencia, serán las que lo empujan a apostar con la mayoría. Tales especulaciones, de marchar-con-la-multitud, advierte el axioma, pueden ser costosas, porque por naturaleza tienden a hacerlo comprar cuando los precios son altos y a vender cuando son bajos. La línea de resistencia más fuerte contra estas presiones es una aguda conciencia de su existencia y de su insidioso poder.

Undécimo axioma mayor

Sobre la terquedad

Si no da resultado la primera vez, olvídelo.

La perseverancia es como el optimismo: siempre ha tenido buena propaganda. Se dice que un antiguo rey inglés señaló: "Si la primera vez no triunfas, trata, trata de nuevo", viendo cómo una araña tejía una tela después de varios comienzos frustrados. Ése es, ciertamente, un buen consejo para las arañas. También para los reyes, que, por lo general nacen ricos. Los hombres y mujeres comunes, como usted y yo, que luchamos para ganar un dólar, deberían prestar atención a ese consejo selectivamente.

La perseverancia nos puede ser útil en muchas áreas de la vida. Sin ella, nunca logrará una respuesta directa del Departamento de automotores, por ejemplo. Sin embargo, en la especulación, mientras que hay momentos en que puede ser útil, también hay momentos en que lo puede llevar al desastre financiero.

¿Cómo? Un ejecutivo de cuentas de Merrill Lynch me contó una historia común.

Dijo que durante un periodo que acabó recientemente, trató con una cliente que estaba obsesionada con Sears, Roebuck. Estaba decidida a ganar algún dinero con las acciones de la compañía aunque ella misma tuviera que quebrar en el intento. Casi quiebra.

Le había tomado simpatía a Sears cuando trabajaba en un puesto administrativo de la Universidad de Chicago. La compañía, cuyas oficinas centrales están en Chicago, siempre había sido generosa con la universidad. Un regalo fabuloso fue la compañía editora de la Enciclopedia Británica, que fue propiedad de Sears pero que, desde 1943, por medio de varios arreglos de propiedad y de copyright, ha volcado gran parte de su gran río de ingresos al tesoro sediento de la universidad. La mujer de nuestra historia quedó encantada con esto cuando lo supo. En sus días de estudiante, decidió que, si alguna vez se convertía en una inversionista, invertiría sólo en compañías que parecieran estar haciendo algún importante bien social. Ahora que se estaba acercando a los 40, y finalmente tenía un poco de dinero para jugar con él, decidió que Sears era lo que quería.

No hay nada de malo en elegir las inversiones sobre este tipo de base, en tanto usted no olvide que está en el mercado, básicamente, para ganar dinero. Si rechaza inversiones que por una u otra razón ofenden su sensibilidad social o política, esto puede estrechar su campo de elección en cierta medida, aunque no necesariamente demasiado. Hay muchas organizaciones como Sears, buenos ciudadanos corporativos que también ganan un montón de dinero cuando las cosas marchan bien.

La mujer compró su primer pequeño paquete de acciones de Sears. Desgraciadamente, las acciones no le recompensaron sus sentimientos afectuosos. Por razones que nadie pudo explicar por completo, antes o después del hecho, durante los siguientes 12 meses los clientes prefirieron estar fuera de los almacenes y lejos de los teléfonos. Los precios de las acciones de los grandes minoristas, incluyendo a Sears, se hundieron.

Actuando de acuerdo con un buen consejo —vea el tercer axioma, sobre la esperanza— ella vendió, con una pérdida del 15 al 20 por ciento. El precio de las acciones siguió bajando. Ella puso el dinero en el banco.

Las acciones no fueron a ninguna parte durante un año. Luego, para sorpresa de todos, repentinamente saltaron. El precio pasó el punto en el que la mujer había vendido y siguió subiendo.

Ella observaba, desconcertada y enojada. Cuanto más alto subía el precio, más iracunda se ponía. Le había atacado la tristeza de dejar algo atrás. ¿Cómo se atrevía la acción a escapársele de esa manera?

Ella sentía que la acción le debía algo. Decidió que iba a exprimirle algún dinero, así tuviera que retorcerle el pescuezo.

Se estaba declarando la perseverancia. Llamó a su corredor de bolsa y le dijo que quería volver a comprar Sears. Él discutió con ella. Sentía que el precio estaba muy alto. Estaba tan alto que el rendimiento de la acción (el dividendo anual expresado como porcentaje del precio) estaba por debajo de 4 por ciento, lo que era históricamente insólito para Sears. Tercamente ella insistió. Quería volver a Sears y hacerle pagar lo que le debía.

No le pagó. Volvió a caer.

Y así siguió durante años. Su determinación de sacar una ganancia de esa única inversión la cegaba ante otras oportunidades, otras buenas maniobras que podría haber hecho. "Persiguió" a Sears (como llaman los especuladores a este tipo de conducta), la persiguió hasta la cima de mercados alcistas y hasta las profundidades de mercados bajistas, casi siempre perdiendo dinero porque su obsesión nublaba su juicio y ofuscaba su visión.

Por último, a fines de 1982, tuvo la satisfacción de poseer acciones de Sears cuando éstas tuvieron un comportamiento ganador. Eso pareció eliminar la fijación de su sistema. Sentía que al fin Sears le había pagado la deuda que tenía con ella.

Pero, ¿era así, realmente? En todos los años que estuvo persiguiendo a Sears, su dinero podría haber estado en otras empresas, empresas elegidas fríamente, por sus méritos, más que por pura terquedad. Algunas de esas inversiones podrían haberla hecho rica. La persecución de Sears sólo la había dejado un poco mejor de lo que estaba cuando comenzó, y había habido momentos en que, a causa de su negativa a abandonarla, la podría haber convertido en una fuerte perdedora. Salió con alguna ventaja sólo gracias a la ciega suerte.

¿Es ésa la forma de manejar un programa especulativo? No, pero es común en los especuladores nuevos. A veces, hasta los especuladores más maduros persiguen una inversión de puro tercos, decididos a exprimirle el jugo a toda costa. Por razones que nunca entendí claramente, Frank Henry seguía comprando bienes raíces en las cercanías de Morristown, Nueva Jersey, cuando realmente debió tener su atención puesta en otra parte. Había perdido dinero en una operación con bienes raíces allí, y maldito si se iba a quedar sin hacer nada. Me pasó algo parecido una vez con acciones de IBM y sólo me he curado parcialmente. La maldita acción me debe dinero, y aunque ya no la negocio, sigo imaginándome que compro opciones de IBM y me irrito cuando suben sin mí.

Es humano, pero es tonto. ¿Cómo puede un medio de inversión "deberle" dinero? Una persona puede deberle. Si esa persona no le paga, tiene el derecho de fastidiarla por el dinero y a alterarse si continúa la conducta irresponsable. Pero si usted pierde dinero en un metal precioso o en una obra de arte, es ilógico personificar al medio de inversión con ideas sobre "deuda". No sólo es ilógico, sino que puede conducirlo al tipo de comportamiento persecutorio que es probable que le cueste aún más dinero.

Digamos que usted pierde algún dinero en las acciones de Sears. Por supuesto que quiere recuperar el dinero. *Pero, ¿por qué la ganancia tiene que provenir de Sears?*

Una ganancia dada será la misma, venga de Sears o de otra inversión. No importa dónde lo gane, sigue siendo dinero. Con un ancho, hermoso, mundo de posibles operaciones donde escoger, ¿qué caso tiene obsesionarse con la única inversión en la que tuvo una pérdida? ¿Por qué perseverar con Sears en un momento en que otras inversiones, consideradas fríamente, pueden verse más promisorias?

Las razones para perseverar son emocionales y no son fáciles de explicar. Como hemos notado, las ideas sobre la deuda provienen de la personificación de la entidad especulativa. "Esta inversión me sacó dinero, ¡y por Dios que la voy a perseguir hasta que me lo devuelva!" Mezclados con esto hay vagos sentimientos de venganza. "¡Le enseñaré a esa acción a no hacerme quedar como un tonto!" Luego está el deseo de justificar nuestra opinión, lo que ya hemos visto en otro axioma. "Al final demostraré que estaba en lo cierto". Todas estas respuestas emocionales, que hierven y burbujean juntas, provocan una condición mental en la que el pensamiento del especulador se confunde.

Superar este desorden emocional no es más fácil que otro montón de ajustes internos que debe hacer el especulador, pero debe hacerlo. Como señalé antes cuando estábamos estudiando otra difícil maniobra mental, éste no es un libro de consejos psicológicos, no tengo lindas ideítas que ofrecer. Si tiene problemas para superar su urgencia de perseverar en una operación perdedora, quizá pueda ayudarlo conversar con un amigo, con su pareja o con un cantinero. O puede aclarar su cabeza yendo a ver una buena película o a un concierto y olvidarse de sus problemas durante unas cuantas horas. A mí me resulta maravilloso caminar unos seis kilómetros. Cada uno de nosotros encuentra su propia ruta hacia la salvación.

De un modo u otro, usted debe derrotar el deseo de perseverar cuando la perseverancia lo llevará por mal camino. Antes de aplicarlo a la especulación, el apotegma del antiguo rey necesita una profunda revisión. Si al principio algo no le da resultado, mándelo al diablo.

AXIOMA MENOR XV
Nunca trate de salvar una inversión "promediando hacia abajo"

La técnica conocida corno "promediar hacia abajo" o "promediar pérdidas", es una de las trampas más atractivas del mundo de la inversión. Es como esos sistemas a salvo de fracasos, segurísimos, con doble garantía, que se pregonan por las calles y bares de las Vegas y Atlantic City. Cuando examina por primera vez uno de esos sistemas, parece inobjetablemente lógico. "Bueno, sí, éste realmente funcionaría, ¿no?", dice usted, con los ojos abiertos por el asombro. La técnica de promediar pérdidas es como los sistemas para la ruleta, también, en que a veces funciona cuando el jugador tiene suerte. Ello, por supuesto, se agrega a su atractivo. Pero usted debe tener cuidado y no dejarse engañar. Es una rosa con espinas envenenadas.

Así es como se supone que funciona. Usted compra 100 acciones de Computadoras Hoo Boy a 100 dólares cada una. Su costo (dejando de lado la comisión de los agentes en favor de la simplicidad) es de 10,000 dólares. Las cosas van mal, y el precio se derrumba a 50 dólares. Parece que usted perdió la mitad de su inversión. ¡Ay!, usted llora. ¡Pero espere! ¡No todo se ha ido al pozo!

Su amigo y vecino, Torpínez Calavera, quien jamás ha ganado un centavo en la especulación en toda su vida, pero conoce de memoria cada cliché de la inversión, le aconseja mejorar la situación promediando hacia abajo.

Lo que debe hacer, dice Calavera, es comprar 100 acciones más de esta ruina al nuevo precio de ganga, 50 dólares. Entonces, tendrá 200 acciones. Su inversión total habrá sido de 15,000 dólares. Por lo tanto, su costo promedio por acción habrá bajado de 100 a 75 dólares.

¡Magia! Al seguir el consejo de Torpínez Calavera, puede hacer que una situación mala parezca menos mala. ¡Al arrojarle nuevo dinero, puede hacer que el dinero viejo tenga mejor aspecto!

Una vez que ha promediado hacia abajo de esta manera, le dice Calavera, no tendrá que esperar tanto para salir a mano. No tiene que esperar a que el precio de negociación suba nuevamente a 100 dólares. Bajo las nuevas circunstancias, todo lo que tiene que esperar es que llegue a 75 dólares.

Hermoso, ¿no?

No exactamente. Todo lo que debe hacer al promediar hacia abajo es engañarse a sí mismo.

No importa cuánto se retuerza y se mueva, no cambiará el hecho de que usted sí *pagó* 100 dólares por esas 100 acciones originales. Comprar 100 más a 50 dólares no cambia ese hecho. Hablar sobre el nuevo precio promedio de 75 lo hace sentir mejor durante un tiempo, pero no le hace ningún bien a su condición financiera.

En realidad, lo que toda la operación equivocada puede hacerle a su condición financiera es empeorara, y mucho. El precio de la acción de Computadoras Hoo Boy se ha hundido de 100 a 50 dólares. Supuestamente, el mercado tiene alguna razón para esta radical disminución en su estimación de la compañía. ¿Cuáles son las razones? Estúdielas. Quizá son válidas. Tal vez Hoo Boy se enfrenta a un montón de años en los que sus ganancias van a ser escasas. Quizá es mejor mantenerse alejado de esta inversión por el momento. Si es así, ¿por qué demonios va a comprar más acciones?

En cualquier situación en la que se sienta tentado a promediar hacia abajo sus costos, pregúntese esto: "¿Compraría Hoo Boy a 50 dólares si no tuviera ya un paquete que compré a 100 dólares? ¿Es Hoo Boy una inversión que yo elegiría hoy sólo por sus méritos?" Si la respuesta es no, entonces no arroje dinero nuevo en la fracasada operación.

Por supuesto, usted puede determinar que la respuesta es sí. Como dice el décimo axioma, a menudo es beneficioso apostar en contra de la mayoría. Tal vez sus cálculos independientes lo convencerán de que los problemas de Hoo Boy no durarán tanto como espera la mayoría de la gente y, por lo tanto, el nivel de precio de 50 dólares es una genuina oportunidad. Puede suceder.

Pero asegúrese muy bien de que no se trata de buenos deseos. Si está persiguiendo gangas, el mercado de valores y todos los demás mundos especulativos están llenos de ellas. Antes de arrojar esos 5,000 dólares en su segunda vuelta con Hoo Boy, pregúntese: "¿Por qué en esta inversión en particular? De todas las gangas potenciales que hay alrededor, realmente, ¿ésta me parece la más prometedora? ¿O sólo estoy tratando de sentirme mejor al promediar hacia abajo los costos?"

Como la perseverancia en general, de la que ésta es un tipo especial, promediar el costo nubla el juicio. Decidido a sacar de la sopa su inversión de Hoo Boy, se concentra en Hoo Boy y excluye otras especulaciones que podrían ser mucho mejores.

Usted ha perdido dinero con Hoo Boy y quiere recuperarlo. Pero, como preguntamos antes en relación con Sears, ¿por qué la ganancia tiene que venir de Hoo Boy? Será el mismo buen dinero para gastar sin importar de dónde viene. Libérese de la obsesión por Hoo Boy y ampliará enormemente su campo de elección y mejorará las probabilidades de lograr la ganancia que busca.

Otro problema con este baile de promediar hacia abajo es que lo anima a ignorar el importante tercer axioma acerca de la esperanza: cuando el barco empieza a hundirse, no rece. Salte.

Como señalamos al estudiar ese axioma, la decisión de aceptar una pequeña pérdida, rápidamente, nunca es fácil y a veces puede ser agudamente dolorosa.

Uno busca excusas para no hacerlo, y una excusa de primera es el pensamiento de que uno va a hacer que todo resulte bien al promediar hacia abajo. "Oh, no tengo que vender ahora esta especulación. Ahora no tengo que hacer *nada*. Si se derrumba mucho más, compraré otro montón y promediaré hacia abajo..."

De modo que se sienta en la cubierta del barco que se hunde, rehusándose valientemente a moverse mientras las aguas ascienden a su alrededor. ¿Tiene sentido? No, pero usted quería una excusa para su inacción, y eso es lo que ha conseguido. En una época llena de temor como ésta, no se espera que usted examine su excusa para ver si es lógica.

Frank Henry conoció a un hombre que realmente se las arreglaba para autoconvencerse de que estaba *feliz* cuando sus especulaciones se caían. Si compraba algo y el precio bajaba, compraba más y promediaba su costo hacia abajo. Cuanto más bajaba el precio, tanto más compraba y cuanto más caía su costo promedio más feliz se sentía. Éste era un truco psicológico fantástico, pero lo mantenía contento. No obstante, no lo enriqueció. Durante años se estancó en malas inversiones, promediando hacia abajo continuamente y creyendo sinceramente que era inteligente.

Estrategia especulativa

Ahora, una rápida revisión del undécimo axioma. ¿Qué le aconseja hacer con su dinero?

Afirma que la perseverancia es una buena idea para las arañas y los reyes, pero no siempre para los especuladores.

Es cierto que usted puede perseverar en sus esfuerzos generales por aprender, mejorar y enriquecerse. Pero no caiga en la trampa de perseverar en un intento de exprimir una ganancia de una sola entidad especulativa.

No persiga una inversión por terquedad. Rechace cualquier idea de que una inversión dada le "debe" algo. Y no compre la idea atractiva, pero errónea, de que puede mejorar una mala situación promediando hacia abajo.

Valore la libertad de elegir las inversiones sólo por sus méritos. No desperdicie esa libertad al obsesionarse con una operación que se arruinó.

Duodécimo axioma mayor

SOBRE LA PLANIFICACIÓN

Los planes a largo plazo engendran la peligrosa creencia de que el futuro está bajo control. Es importante que nunca se tome en serio sus propios planes a largo plazo, o los de otras personas.

George y Martha se conocieron y se casaron en los 40. George era contador. Tenía un empleo en una pequeña firma de contadores públicos. Martha era secretaria en una agencia de seguros. Como se acostumbraba en aquellos días, ella dejó su trabajo poco después de la boda para concentrarse en ser esposa y madre. El salario de George no era grande, pero era constante, como él. El mundo parecía seguro y acogedor. Para hacerlo más todavía, a sugerencia del padre de Martha, un pequeño hombre de negocios, la joven pareja se sentó con un consejero financiero y elaboró un plan a largo plazo.

Se consideraba que eso era algo prudente, sensato y admirable, y todavía se lo considera así. Todos los sabios decían que cada joven pareja debía tener un plan. Se pensaba que las personas con planes y las personas sin ellos diferían del mismo modo que la hormiga y la cigarra de la fábula de Esopo. La austera y práctica hormiga trabaja todo el verano en previsión del futuro invierno, mientras que la cigarra sin planes sólo se sienta por ahí, cantando al sol. Por supuesto, al final la pobre y vieja cigarra tiene que venir, con el sombrero en la mano, a mendigar comida, mientras que la hormiga tiene la satisfacción de decir, "Je, yo te lo dije".

No obstante, en la vida real es más frecuente que sea la hormiga a la que fumigan o a la que le aplastan el nido con una aplanadora. Esto es lo que ocurre por tener raíces (véase el sexto axioma), y las raíces provienen en parte de los planes a largo plazo. La cigarra, con sus pies más ligeros, simplemente salta fuera del camino.

Hoy, George y Martha son una pareja retirada en sus sesentas. Están casi quebrados. Estarán completamente quebrados, sin un céntimo y dependientes de la caridad, si viven mucho más. Casi ningún elemento de su plan a largo plazo resultó en la forma en que se suponía que lo haría.

En los 40, pensaron que les gustaría retirarse con un ingreso combinado de la pensión y de la Seguridad Social de 700 dólares al mes, o sea 8,400 dólares al año. Éste era un ingreso grandísimo en la década de 1940.

En realidad, en la mayoría de los cuestionarios y tabulaciones de ingreso, la categoría superior generalmente era "7,500 dólares y más". Era la cima de la prosperidad. Nadie conocía a alguien que ganara más.

Por supuesto, hoy, 700 dólares mensuales le servirán para rentar un pequeño departamento, en tanto no quiera comer. Si insiste en comer y también quiere dinero para ropa, gastos médicos y otras necesidades, entonces tendrá problemas.

El plan a largo plazo de George y Martha preveía la compra de una casita a la que se retirarían. Iban a comprarla al contado, de modo que no tuvieran que preocuparse por los pagos mensuales de la hipoteca. Con este fin, el plan exigía que tuvieran ahorrados 20,000 dólares a los sesenta y cinco años.

Si usted tenía 20,000 dólares en los 40, podía comprar dos casas y le quedaba algún cambio para comprar un auto. El plan no preveía que en los 80 esa cantidad aparentemente grande de dinero difícilmente compraría una perrera.

En todo caso, George y Martha no tienen los 20,000 dólares. Durante su camino hacia la pobreza, han sido golpeados por algunos gastos imprevistos (como todo el mundo) e infortunios (lo mismo). En 1960, el patrón de George se enredó en una difícil disputa que involucraba unos registros financieros falsificados y la firma de contadores desapareció. El trabajo de George se desvaneció y su planeada pensión se desvaneció con él. Después de mucho buscar, encontró otro trabajo, pero nunca alcanzó el ingreso de retiro de 700 dólares mensuales que él y Martha habían planeado. Desde que se retiró, tuvieron que utilizar sus ahorros. Aunque su dinero gana un interés que es tres veces mayor de lo que habían previsto (lo común en los 40 era de un 2 a un 3 por ciento), su capital disminuye con rapidez.

Viven en un pobre departamentito, comen un montón de frijoles enlatados y pasan mucho tiempo preguntándose qué sucedió. Sucedieron dos cosas: la planeación, seguida por lo inesperado.

George y Martha dependieron demasiado de su plan. Se arraigaron a él. Hubo varias ocasiones en la mediocre carrera de George en las que él podría haber saltado en otra dirección nueva y prometedora. Por ejemplo, se podría haber dedicado a los negocios con un amigo. El amigo quería iniciar una firma de contadores por su cuenta. La firma y el amigo son ahora prósperos. En el momento en que se le ofreció esta oportunidad a George, sin embargo, lo asustó. Parecía demasiado arriesgado. Él y Martha retrocedieron a la agradable comodidad de su plan. Supusieron que no necesitaban arriesgar nada. Tenían toda la vida planeada. El plan les aseguraba una linda casita y un cómodo ingreso en su vejez. Con ese pájaro en la mano, ¿por qué necesitaban ver cien volar?

De este modo, se autoengañaron con su propio plan a largo plazo. No se les ocurrió que el pájaro que pensaron que tenían en la mano iba a volar.

Como dice el axioma, los planes a largo plazo engendran la creencia de que el futuro está bajo control. Ésta es una creencia espeluznantemente peligrosa.

Mirando hacia el futuro, puedo ver borrosamente la estructura de la próxima semana. Hay precisamente la suficiente continuidad en los acontecimientos como para permitirme hacer eso. Me puedo sentar aquí un miércoles y hacer algún tipo de plan financiero para el próximo miércoles, quizá. Permitiendo un margen de error, puedo hacer una predicción bastante confiable del valor que tendrán la semana próxima las acciones mías y de mi esposa, bienes raíces, cuentas de banco, plata, y otros activos. Por supuesto, hasta este plan y predicción pueden estar ridículamente equivocados. La bolsa de valores puede derrumbarse antes del próximo miércoles, por lo que sé. Puedo pisarle el dedo del pie a alguien con mi automóvil y ser demandado por todos los centavos que tengo. Aun así, me siento muy cómodo planeando con siete días de anticipación. La visibilidad no es grande, pero es tolerable. Con un mes de anticipación, la visibilidad se enturbia de manera notable. Con un año, se nubla hasta alcanzar casi la opacidad. Diez años... veinte años... a esa distancia, no hay visibilidad en absoluto. Ni siquiera puede ver formas vagas o contornos. No puede ver nada. Es como tratar de ver en una niebla espesa como sopa de chícharos en el corazón de la noche. Lo que sea que nos espera, es completamente desconocido.

Si usted no sabe para qué está planeando, ¿cómo puede elaborar un plan sensato?

Planear para un futuro que no podemos ver... parece una empresa notablemente tonta. Y, sin embargo, los agentes de seguros, los asesores en inversiones y otros expertos siguen fomentándolo, y las familias —en particular las jóvenes— continúan haciéndolo. Tener un plan a largo plazo se siente que es tan laudable hoy como era cuando George y Martha estaban comenzando. Y le hará a usted más o menos el mismo bien.

Un plan es una ilusión de orden que dura toda la vida. Los economistas, los asesores financieros y otros que venden planes a 20 años siempre hablan como si el mundo del dinero fuera un lugar ordenado que sufre cambios muy lenta y previsiblemente, como un árbol que crece. Al atisbar al próximo siglo, ven un mundo financiero que será básicamente como éste, sólo que más. Será más grande, más automatizado, más esto, más aquello. Llegan a estas conclusiones tranquilizadoras al observar las tendencias que caracterizan a nuestro mundo de hoy y extendiendo esas tendencias hacia el futuro. Todo muy acomodado, y permite la preparación de un montón de planes a largo plazo.

Lo que estos optimistas planificadores no reconocen o prefieren ignorar es que el mundo del dinero es como un árbol que crece sólo en un sentido limitado. Es ridículo pensar que usted puede ver el futuro del mundo simplemente observando las tendencias que hoy están en evidencia. En los próximos 20 años, algunas de esas tendencias, sin duda, se extinguirán o se invertirán. Nadie sabe cuáles. Tendencias enteramente nuevas surgirán, factores que hoy nadie sueña. Nos sorprenderán acontecimientos inconocibles. Prosperidad y quiebra, desórdenes, guerras, crisis y colapsos; ¿quién sabe lo que nos espera?

El mundo en el que se desarrollarán sus asuntos financieros dentro de 20 años está escondido detrás de una cortina a través de la cual no se ve un hilo de luz. Ni siquiera puede saber si habrá un mundo del dinero, o un dólar, o cualquier cosa en la que gastar el dólar.

Siendo así, no trate de hacer planes a largo plazo ni permita que otra gente los haga por usted. Solamente van a estorbarlo. En cambio, mantenga los pies ligeros, como la cigarra. En lugar de intentar organizar sus asuntos para adaptarlos a los acontecimientos inconocibles del futuro, reaccione a los acontecimientos tal como se desarrollan en el presente. Cuando vea oportunidades, vaya por ellas. Cuando vea peligro, póngase fuera del camino.

En lo relativo al dinero, el único plan a largo plazo que necesita es la intención de enriquecerse. Exactamente cómo logrará ese propósito es algo que no puede saber, excepto de una manera muy general. Me gusta la bolsa de valores y por lo regular estoy metido en ella hasta las orejas, de manera que supongo que mi persona tendrá algo que ver con ese mundo especulativo en particular. Pero es todo lo que sé acerca de mi futuro financiero y todo lo que trataré de saber acerca de él. Por lo tanto, el único tipo de preparativo que puedo hacer para el próximo siglo es seguir estudiando el mercado, continuar aprendiendo y mejorando. Si usted puede llamar a algo tan vago un plan, entonces eso es —ése es mi plan—.

El suyo puede flotar libremente de la misma forma. Resuélvase a aprender todo lo que pueda aprender sobre los tipos de especulación que le atraen, pero nunca pierda de vista la probabilidad —no, digamos la certeza— de que sus medios especulativos y las circunstancias que los afectan van a cambiar de maneras que usted no puede imaginar. No permita que un plan lo inmovilice. No se estanque, no se arraigue como la hormiga, no sea una víctima potencial de la aplanadora del destino.

AXIOMA MENOR XVI

Evite las inversiones a largo plazo

Un ejecutivo de la Corporación de la Banca Suiza, alma máter de Frank Henry, me contó la triste historia de una inversionista a largo plazo, llamada Paula W. (un seudónimo) que se hizo aplanar casi completamente.

Había comenzado su vida adulta como trabajadora en la línea de producción de la Compañía Ford Motor. Aprovechando los generosos programas de educación y de superación de la compañía, labró su ascenso hacia la gerencia. A lo largo del camino, ella había acumulado unos pocos miles de acciones comunes de Ford. Su esposo murió cuando ella tenía más de 50 años, dejándole una gran casa en un suburbio de Detroit y un condominio en Florida, pero ella no quería mantener ninguno de los dos.

Decidió venderlos, retirarse prematuramente de Ford, poner todo su dinero en acciones de Ford y vivir feliz para siempre de los dividendos.

Esto fue a finales de los 70. Ford estaba entonces pagando un dividendo de 2.60 dólares por acción. Sumando las acciones recientemente compradas a las que tenía previamente, tenía algo así como 20,000 acciones. Los dividendos que arrojaban totalizaban unos 52,000 dólares al año. Esta suma estaba sujeta a impuesto como ingreso (excepto por la no muy generosa exclusión de 100 dólares que permiten gentilmente nuestros recaudadores), pero con el complemento de su pequeña pensión de retiro, Paula estaba segura y cómoda.

Su agente de bolsa, también mujer, le telefoneó una o dos veces para advertirle que parecía que se estaban gestando dificultades en la industria automotriz. Podía ser una buena idea vender Ford antes de que cayera el precio, sugirió su agente. Si lo que más le interesaba a Paula era el ingreso, ¿por qué no tomaba en consideración comprar acciones de una gran compañía de servicios? Tradicionalmente, las compañías de servicios pagan un gran porcentaje de sus ingresos en dividendos. Las acciones tienden a moverse lentamente en su precio, pero el rendimiento está por lo común en el rango de 9 a 15 por ciento, unas buenas dos o tres veces lo que pagan la mayoría de las otras compañías.

Pero Paula dijo que no, que prefería quedarse con Ford. Conocía la compañía, le tenía confianza y se sentía bien con ella. En cuanto a la posibilidad de que cayera el precio de las acciones, comentó que no le preocupaba en absoluto. Era una inversión a largo plazo. No tenía planes para vender en el futuro cercano. Ni siquiera consultaba el precio de las acciones en el periódico más de una vez al año o algo así. Un octavo hacia arriba, un octavo hacia abajo, ¿quien necesitaba ese tipo de molestia? Ella estaba por encima de eso. Todo lo que quería de sus acciones era uno de esos lindos y gruesos cheques de dividendos cada trimestre. Más allá de eso, le aseguró a su agente, ella sólo quería que sus acciones estuvieran encerradas en una bóveda y olvidadas.

En 1980, Ford recortó su dividendo de 2.60 dólares por acción, por año, a 1.73. El ingreso de Paula descendió a 34,600 dólares.

Como señalamos antes en otro contexto, las dificultades de la industria automotriz se profundizaron en 1980, y el precio de las acciones de los grandes fabricantes de automóviles, incluyendo a Ford, se derrumbaba. Paula debió deshacerse de esto hacía mucho tiempo, pero estaba arraigada.

En 1981, Ford disminuyó su dividendo a 80 centavos. El ingreso de Paula cayó a 16,000 dólares.

En 1982, Ford no pagó dividendos. Ahora Paula estaba desesperada. Tuvo que vender unas 4,000 acciones durante este año sombrío para tener dinero para sus gastos y para pagar algunas deudas crecientes. Por supuesto, el precio de las acciones era horriblemente bajo en ese momento. Fue obligada a vender esas acciones por mucho menos de lo que había pagado por ellas.

En 1983, Ford comenzó a luchar por salir del pantano.

Los directores anunciaron un dividendo partido a la mitad. Paula sólo tenía 16,000 acciones a comienzos del año, y durante el mismo tuvo que vender otras 2,000. En 1983, su ingreso estaba en la cercanía de los 7,000 dólares.

En 1984, las cosas parecían un poco mejor. El rendimiento fue de 1.20 dólares. Paula, con las 14,000 acciones que le quedaban, cobró 16,000 dólares. La mantuvo viva, pero no era lo que ella había previsto en su plan a largo plazo.

Jesse Livermore escribió: "Creo que es seguro apostar a que el dinero perdido en la especulación a corto plazo es poco en comparación con las sumas gigantescas perdidas por los así llamados inversionistas que han dejado que sus inversiones sigan adelante.

Desde mi punto de vista, los inversionistas a largo plazo son los grandes jugadores. Hacen una apuesta, la conservan, y si sale mal, pueden perder todo. El especulador inteligente, al actuar rápidamente, conservará sus pérdidas en el mínimo".

Como hemos visto, Livermore no fue un especulador exitoso en un 100 por ciento. No sólo hizo cuatro fortunas, sino que se volteó y las perdió y, finalmente, perdió su vida en alguna sombra personal. Pero cuando tenía su motor especulativo bien aceitado y afinado, zumbaba como un Rolls-Royce. Valía la pena escucharlo.

De modo que preste atención a su frase central: "Los inversionistas a largo plazo son los grandes jugadores".

Claro que lo son. Apostar al mañana es suficientemente arriesgado. Apostar a un día dentro de 20 o 30 años, en el futuro, es absolutamente loco.

La inversión a largo plazo, como tantos procedimientos engañosos que ya hemos visto, tiene sus encantos. El principal es que lo releva de la necesidad de tomar decisiones frecuentes, quizá dolorosas. Usted toma sólo una decisión —"Compraré esto y me siento allí"— y luego se relaja. Esto alimenta la pereza y la cobardía, dos rasgos de los que todos nosotros tenemos abundante provisión. Más aún, tener una canasta de huevos a largo plazo, junto con algún tipo de plan a largo plazo, como sucede con la mayoría de las canastas de huevos, le da esa acogedora sensación de abrigo. ¡La vida está totalmente pensada! ¡Ninguna cosa de la noche puede atraparlo! O, por lo menos, eso piensa usted.

Otro encanto de muchas inversiones a largo plazo es que ahorran las comisiones de los agentes. Cuanto más frecuentemente usted entra y sale de entidades operadas por agentes, tales como acciones, divisas o bienes raíces, tanto más capital será recortado por comisiones y honorarios.

Eso puede tener alguna importancia en los bienes raíces, en los que las comisiones son altas, pero en la mayoría de los restantes mundos especulativos generalmente apenas significa algo más que una picadura de mosquito. Aun así, muchos inversionistas a largo plazo utilizan la cuestión de comisiones y honorarios como una racionalización.

Su agente o corredor preferiría que usted fuese un tipo de especulador de pies ligeros y movimientos rápidos más que un inversionista a largo plazo. Cuantas más operaciones haga, más dinero gana el agente/corredor. En este caso particular, los intereses financieros de él coinciden perfectamente con los suyos.

No se arraigue. Cada inversión debería ser reevaluada y debería autojustificarse, como mínimo, cada tres meses más o menos. Manténgase preguntándose: "¿Pondría mi dinero en esto si me lo presentaran hoy por primera vez? ¿Está avanzando hacia la posición final que yo prefiguré?"

Ello no implica que usted tenga que estar a los saltos por el gusto de saltar. Pero si las circunstancias han cambiado desde el momento en que usted entró a esta inversión, si está bajando, si esa posición final parece estar alejándose en lugar de acercándose, si usted ve otra oportunidad que se ve claramente más prometedora a la luz de las condiciones diferentes, entonces haga un movimiento.

La tendencia a sentarnos sobre canastas de huevos a largo plazo no sólo surge de nuestra propia pereza, cobardía y otros problemas interiores. También, hay bastante presión para vendernos por parte del mundo que nos rodea.

Por ejemplo, muchas compañías grandes, públicas, ofrecen arreglos que se escuchan atractivos, por los cuales los empleados pueden invertir regularmente en sus propias acciones. Usted firma para invertir tanto por mes, y para hacérselo más fácil, algunas compañías harán los arreglos para deducir la suma de su cheque y comprar las acciones automáticamente. Usted nunca ve el dinero. ¡Es una inversión indolora!

O así les gusta decírselo. Lo que hace este tipo de arreglo es arraigarlo a un lugar donde, quizá, usted no desee estar arraigado siempre. ¿Qué sentido hubiera tenido, por ejemplo, estar atrapado en una inversión a largo plazo en GM durante el par de décadas pasadas? Las acciones se negociaban a más de 90 dólares en 1971. Desde entonces, no se han acercado a ese precio.

Los corredores y agentes individuales que operan distintas entidades especulativas ofrecen lo que a menudo llaman "convenientes" planes mensuales de inversión. Usted entrega tanto por mes para comprar lo que usted especifica. Esto no lo encierra inexorablemente en inversiones a largo plazo, pero tiene esa tendencia. El peligro es que eso lo anima a confeccionar un plan a largo plazo: "Ahora veamos, si invierto X dólares por mes en Electrónica Hey

Wow, y si el precio sube un modesto 10 por ciento anual... bueno, a los 65 tendré X miles de dólares. ¡Seré rico!"

No cuente con eso, amigo mío.

Los vendedores de fondos mutuales también lanzan un montón de atractivas lisonjas a largo plazo ante sus deslumbrados ojos. Ellos también tienen sus convenientes planes mensuales de inversión. Le enviarán diagramas en cuatro suntuosos colores demostrándole cuán hábil hubiera sido usted si se hubiera estancado con ellos durante los últimos 20 años.

O si su comportamiento fue tan miserable que ninguna cantidad de diagramas inteligentes puede disimularlo, entonces le enviarán diagramas mostrándole lo magnífico que será el futuro si usted firma.

Luego, está la industria de los seguros de vida. Éste es un mundo de horrible complejidad. Sin embargo, para despojarlo y dejar lo esencial, podemos decir que hay dos tipos principales de seguros de vida: aquellos que lo arraigan en una inversión a largo plazo y aquellos que no. Mi consejo: evite los primeros.

La inversión en vida a largo plazo, lo que a veces se llama vida "completa", pero que tiene otra docena de nombres, está diseñada para hacer dos cosas: le proporciona dinero a sus beneficiarios en caso de que usted se muera, y le proporciona una renta vitalicia o un montoncito de dinero en caso de que usted siga en el juego más allá de una edad establecida. En toda su aplastante variedad de formas, una cosa no cambia: es muy costoso.

El vendedor afable, vestido conservadoramente, que extiende sus diagramas sobre su mesita del café, hablando en tono reverente acerca de planes a largo plazo, sinceramente quiere que usted compre este tipo de seguro de vida. Llevará al banco una comisión colosal si usted se engancha. Quiere que comprometa su buen dinero durante veinte o treinta años, pero el trato es probablemente a un plazo menor para él que para usted. Con toda probabilidad está "cargado al comienzo", lo que significa que él cobra una buena proporción de las comisiones de esos 30 años en el primer año o en los dos primeros años.

Su principal punto para vender será que usted no está comprando, está invirtiendo. Si todo sale bien, finalmente usted recuperará lo que puso, o una parte sustancial. Mientras tanto, su familia estará protegida en caso de que usted "estire la pata" antes de lo planeado. ¿Cómo lo ve? Maravilloso, ¿no?

No. Lo que el vendedor le está pidiendo que haga es sencillamente una locura. Quiere que se comprometa a invertir miles de dólares durante un periodo que se extiende hasta el muy, muy lejano futuro. ¿Cómo sabe usted cómo será el mundo en ese futuro? Sentado hoy aquí, ¿cómo puede estar seguro que querrá invertir en este sistema de la renta vitalicia durante diez años, o veinte? Quizá, sin duda, el mundo cambiará en formas imprevisibles y harán que esa renta no valga nada. Entonces, ¿por qué encerrarse en ella?

Si usted tiene personas que dependen de usted y que estarían en dificultades financieras si usted faltara, protéjalas comprando el seguro más barato. Éste dará resultado cuando se muera, pero ése es su único propósito. No lo encierra. Si llega un momento en que quienes dependían ya no lo necesitan más, o se produce algún otro cambio en su vida, simplemente abandona el seguro y deja de pagar las primas. Mientras tanto, como las primas son bajas, usted ha tenido dinero para invertir en operaciones diferentes al seguro.

Todo lo que puede saber del futuro es que llegará cuando llegue. No puede ver su forma, pero por lo menos puede prepararse para reaccionar ante sus oportunidades y peligros. No tiene sentido estar ahí parado y dejar que lo arrolle.

Estrategia especulativa

El duodécimo y último axioma advierte sobre la inutilidad y los peligros de planear para un futuro que no podemos ver. No se arraigue en planes de largo alcance o inversiones a largo plazo. En cambio, reaccione ante los acontecimientos a medida que se desarrollan en el presente. Ponga su dinero en operaciones cuando éstas se presenten y retírelo de los peligros cuando éstos asomen. Valore la libertad de movimiento que le permitirá hacer esto. Nunca pierda esa libertad por una firma.

El duodécimo axioma señala que usted necesita un solo plan financiero de largo alcance, y ése es la intención de enriquecerse. El cómo no se puede conocer ni planear. Todo lo que requiera saber es que de algún modo lo hará.

www.ingramcontent.com/pod-product-compliance
Lightning Source LLC
Chambersburg PA
CBHW060009210326
41520CB00009B/863
9786074530667